소설 손자병법

1권/ 장사문답편(壯士問答篇)

張道明 箸

도서
출판 은광사

차례

차례

소설 손자병법 **2**권

차례

소설 손자병법 3권

머 리 말

　손무(孫武)는 제(齊)나라 사람으로, 제는 지금의 산동성(山東省) 부근이다. 주왕조(周王朝) 창업에 가장 공이 큰 태공 망여상(望呂尙)이 봉(封) 받은 나라로, 춘추시대(春秋時代)의 초강대국이었다.

　손무는 병법에 관심을 갖고, 연구에 전념한 결과, 13편이나 되는 병서(兵書)를 완성하였다. 이 13편이 오늘날 전해지고 있는 〈손자(孫子)〉, 즉「손자병법(孫子兵法)」이다.

　예로부터, 7서(七書)라 하여 〈손자〉를 으뜸으로, 오자 (吳子), 육도(六韜), 삼략(三略), 위료자(尉繚子), 사마법 (司馬法), 이위공문대(李衛公問對)의 7종의 병서가 전해 져, 병법을 논하는 사람들에게 모두 귀중하지만, 그 중 〈손자〉가 가장 근본적인 것으로, 나머지 여섯은 〈손자〉

의 주석으로 보아도 좋다.

〈손자〉는 본래 병서로서 저술되었지만, 전술서(戰術書) 일뿐 아니라, 처세서(處世書), 정치서(政治書), 경영서(經營書)로서도 훌륭한 책으로, 응용면이 참으로 넓은 책이다.

그 다양한 응용의 전술의 본질에서부터 출발했을지도 모른다. 전술에는 본래 독심술적(讀心術的)인 면이 대단히 많기 때문이다.

이 독심술을 고대 중국에서는 「취마」라 했다. 이 말이 문헌에 처음 나온 것은 사기소진열전(史記蘇秦列傳)이다. 소진은 전국시대 종횡가(縱橫家)라는 사람들의 시조이다. 당시 중국 여러나라 중 진(秦)이 가장 강하였기 때문에, 진에 어떻게 대처해야 할까는 각 나라의 가장 큰 문제였다. 각 나라가 동맹을 맺어 진에 대항해야 한다는 설이 종가(縱家), 이 동맹을 파괴하고 진과 친화하자는 설이 횡가(橫家)였다. 모두 웅변으로 제후의 마음을 움직여야만 하기 때문에, 종횡가에 모든 웅변가들이 모였지만 어떤 사람도 상대방의 심리 상태를 몰랐기 때문에 효과가 없었다. 정확히 심리를 파악하고, 이렇게 말하면 상대는 이런 심리가 될 것이라고 말한 사람이, 자기 말에 동의시켜서 지도자가 되었다. 소진은 입에 발린 말 한마디로 동시에 6국(六國)의 재상이 된 사람이다.

소진(蘇秦)이 어렸을 때, 뜻을 품고 고향을 떠나, 제후들에게 유세하러 갔지만, 실패하고 낙담하여 귀향했다. 형제도 그의 아내도 첩도 모두 비웃었다. 소진은 몹시 부끄러워 방 안에 틀어박혀 독서만 하였다. 1년이 지나 취마술을 터득하고 다시 유세를 떠나 곧 6국의 재상이 된 것이다.

〈사기〉에서는,「태공의 음부(太公의 陰府)」를 읽고, 이것을 터득했다고 기록되어 있지만, 실제로 그럴 리는 없다. 중국 사상사(思想史)에서는, 한비자(韓非子)를 중심 인물로 하는 법가(정치술)의 사상은 노자 사상에서 나왔다고 한다. 한비자의 법술에 노자의 허무사상이 군주의 통치술로 응용되어 있음은 분명하다. 예를 들면, 「군주되는 사람은 신하에게 자신의 심리상태를 알려서는 안된다. 그러나, 신하의 심리를 파악할 수 있어야만 한다. 심리 파악이 안 되면 통치할 수 없게 된다. 그렇게 하기 위해 깊은 허무로 자신을 위장하는 것이다. 신하는 군주의 마음을 읽을 수 없고, 군주는 신하의 심리를 거울에 비추듯이 아는 것이다.」

라고 말하고 있다.

이렇게 되어 법가술도 독심술인 점에서는 종횡가의 술(術)과 같다. 한비자의 「설난(說難)」은 전편이 독심술의 응용이다. 병가술 또한 마찬가지다. 한비자의 「설난」이 병법과 비슷한 점은 전술이라 말해도 좋다.

결국, 법가(法家)도 병가(兵家)도 종횡가(縱橫家)도 노자의 허무사상에서 파생된 것으로, 그 연역이나 응용이라 말해도 좋다.

앞에서 언급했듯이, 〈손자〉는 병법 7서 중 가장 오래된 것으로 병서의 정수이므로, 씌어진 것도 가장 근본적인 것이다. 나쁘게 말하면, 누구나 느낄 수 있는 상식적인 것 밖에 씌어 있지 않다.

따라서, 이것을 어떻게 응용하느냐에 따라 훌륭한 전술가와 평범한 전술가의 구별이 된다.

한초(漢初)의 천재 장군인 한신(韓信)에게 이런 일화가 있다.

한신이 조(趙)의 대군과 싸운 일이 있다. 조군(趙軍)은 정형구(井陘口)라는 좁은 길에 진을 치고 있었다. 한신으로서는 이들을 평지로 꾀어내서 싸워야만 승산이 있었다.

한신은 기마병 2천명을 뽑아, 한 사람씩 한나라의 붉은 깃발을 갖게하여, 사잇길로 빠져나가 산 밑에 매복시켰다.

「나는 일대대와 함께 조군 진영으로 싸우러 간다. 적은 나의 세력을 보고 반드시 업신 여겨서 공격할 것이다. 나는 패한 것으로 위장하여 도망칠 것이다. 하면, 적은 반드시 추격할 것이다. 진중의 병사가 총 출동할 것이다. 그때 적을 칠 수 있도록 나는 미리 준비했다. 적이 진영에서 모두 나오면 그 쪽으로 질주해서 적진으로 들어가 붉은 깃발을 세워라.」

이렇게 명령을 내리고, 남은 전군을 이끌고 나아갔다. 정형구 앞쪽에는 치수라는 강이 있다. 한신은 그 언덕에서 강을 등지고 일만 주력군을 포진시키고, 일대대를 이끌고 총대장 깃발을 세워 정형구로 향했다.

정형구의 조군은 한신의 포진을 바라보고,

「저 진법은 무엇인가? 강을 등지고 포진하는 진법은 들은 일이 없다! 미친짓을 하고 있군!」

하고 비웃으며 크게 경멸했다

그곳에서 한신의 숨겨진 군대가 총대장의 깃발을 세우고 쿵쿵 북을 울리며 접근해 왔기 때문에, 조군도 북을 울리며 진영을 나왔다.

양군이 충돌하여 곧 격전이 벌어지자, 한신은 패한 것으로 위장하여, 깃발과 북소리를 거두고 강가쪽으로 도망 가기에 바빴다.

진영 안에 남아 있던 조군도 이 모습을 보고,

「저기 적군이 도망치고 있다. 공격을 늦추지 마라.」

라고 말하며, 앞을 다투어 진영을 빠져 나갔다. 어떤 자는 추격해 가고, 어떤 자는 한신이 위장으로 버린 깃발과 북을 다투어 주웠다.

한신은 강가 쪽으로 적군을 유인하자, 곧 반격을 개시하였다. 조군은 승세에 있으면서 대군이었기 때문에 대단히 맹렬하였지만, 한신의 군은 도망가려 해도 등 뒤에 깊은 강이었다. 필사적으로 싸워야만 했다. 이윽고 조군도 지쳐 버렸다.

그 동안에 산 속에서 매복해 있던 2천 기병대는 적진을 향해 전속력으로 달렸다. 나란히 세워진 조의 깃발을 빼고 붉은 기를 세웠다. 2천의 붉은 깃발은 불꽃 같았다.

조군은 아무래도 한신군을 이길 수 없게 되자, 진영으로 돌아가려고 말머리를 돌렸으나 깜짝 놀라고 말았다.

「진영의 장교들이 배신하여 한군에 항복한 것이다!」

라고 의심하고, 혼란이 일어났다. 조군의 장수는,

「진정해라, 진정해! 도망치는 자는 목을 베어 버리겠다!」

라고 외치면서 칼을 뽑아 도망치는 자를 베었지만 병사들의 혼란이 더욱 심해져 군대를 대궤주(大潰走)로 옮겼다. 한신군은 강가의 주력대와 진영내의 부대가 합세해 조군을 무찔렀다.

승리의 축하연이 끝난뒤, 여러 부하 장수는 한신에게,

「장군은 오늘 싸움에서 이상한 진법을 사용했습니다. 강을 등지고 진을 치는 진법이 있습니까?」

라고 물었다.

「병법이 있지요.」

라고 한신은 대답했다.

「병법에는, 산과 언덕의 뒤나 오른쪽, 강이나 못에서는 앞이 나 왼쪽에 진을 치라고 나와 있습니다. 강을 등지라는 말은 없습니다.」

라고 여러 장수들이 말했다. 여기서 말하는 병법은 〈손자〉가 아니다. 〈손자〉에는 「높은 곳의 오른쪽을 등져라」라는 문구가 있고, 「반드시 수초(물풀)에 따라 나무숲을 등져라」라는 문구가 있다. 〈오자〉에도 「산을 오른쪽에, 물을 왼쪽에 해라」라는 문구가 있다. 그러나, 이런 것은 상식이기 때문에 누가 말해도 마찬가지다. 높은 곳을 오른쪽에 한다는 것은, 높은 쪽에서 공격을 받으면 방어하기가 어렵지만, 그 때 오른쪽이 어딘가와 이어져 있으면 방어력이 강하기 때문이다. 개인이나 단체도 그 점은 마찬가지다. 왼쪽에 강이나 연못을 두는 것은, 왼쪽은 방어력이 약하기 때문에, 이 쪽에서 공격받지 않도록 조심하기 위해서다. 산을 등지는 것은 높은 곳에서 낮은 곳을 공격하기가 용이하기 때문이며, 물을 앞에 하는 것은 적의 공격력을 약화시키기 위해서다. 이런 것은 상식적인 것이므로, 특별히 병법으로 배워야 하는 것은 아니다.

　이윽고, 한신은 몹시 곤란해지자,

「병법에, 적을 사지(死地)로 불러들인 후에 싸워야 살아 남을 수 있지 않은가!」

라고 말했기 때문에 여러 장수들은 깜짝 놀랐다.

「아, 그렇습니까? 놀랐습니다. 저희들 생각이 거기까지는 깨닫지 못했습니다.」

라고 말했다.

한신이 인용한 말은 분명히 〈손자〉에 나와 있다. 「적을 사지에 불러들인 후에 싸워야 살아 남는다.」라고, 9편에 있다.

　이 말에서도 알 수 있듯이, 〈손자〉에 서술된 것은 원칙이어서 상식적이다. 〈손자병법〉은, 교묘하고도 자유스러운 운용이 불가능하다면, 〈손자〉를 읽었어도 〈손자〉를 안다고 말할 수 없다.

그러나, 그 근본이 인간의 심리 해석이라는 것을 안다면, 그 정도 운용은 가능할 것이다.

오자서(伍子胥), 초(楚)를 떠나다

춘추시대 초(楚)는 지금의 호북(湖北)·호남(湖南)·안휘(安徽) 등의 여러 성에 걸쳐 있었다. 그리하여, 양자강 유역의 거의 전부를 점령하였다.

도읍은 지금의 호북성 강릉현 주변에 있었고, 당시 영이라 불렀다.

이 나라는 원래 야만국이라 하여 중원 제후회의에도 참석하지 못하던 나라였지만, 호걸왕 장왕(莊王)이 나와 갑자기 융성하게 되었다.

장왕은 즉위하여 3년 동안 전혀 정무를 보지 않았다.

「간언 따위를 하는 자는 그 자리에서 베어 버려라.」

라고 국내에 포고를 내고, 매일밤 미녀를 품고 주안을

열고 음악과 잔치를 베풀었다. 신하는 모두 눈살을 찌푸리고 애통해 했지만, 주살을 두려워하여 간언하는 자가 없었다.

오거(伍擧)라는 사람이 어느날 왕의 잔치에 나아가,

「수수께끼 놀이를 할까요?」

라고 말했다.

왕은 오른손에는 진나라에서 온 여인을 안고 왼손에는 월나라에서 온 여인을 안고, 울리는 종과 북소리 속에서 취안이 몽롱하여 정신이 없었다. 왕은,

「좋지!」

하고 끄덕였다.

오거는 말했다.

「큰 새가 우리 안에 있습니다. 3년이나 날지 못하고 울지도 못하였습니다. 이 새는 무엇입니까?」

장왕은 크게 웃었다.

「3년이나 날지 못하였는가? 그것이 한 번 난다면 하늘을 치솟을 것이며, 3년이나 울지 못했으니, 한 번 울면 모두 허리를 굽힐 것이로구나! 알았다. 알았어! 자, 가거라.」

의연히 행장은 고치지 않고, 점점 취흥이 깊어갔기 때문에 이번에는 대부 소종(蘇從)이라는 사람이 간언했다.

수수께끼처럼 완곡한 간언이 아니고, 직설적 간언이었
다.

장왕은 무섭게 화내며 말하였다.

「그대는 엄한 포고를 알지 못하는가?」

「잘 알고 있습니다. 이 몸은 죽어도 대왕을 잘 인도할
수 있다면 더 바랄 것이 없습니다!」

라고 소종이 필사적으로 간하자, 장왕은 빙긋이 웃었다.

「좋다.」

일어서서 검을 뽑았다. 곁에 앉아 있던 사람들은 소종
의 목이 베어질 것을 두려워했지만, 검은 번뜩이며 종과
북을 메단 끈을 끊고 칼집으로 들어갔다. 왕은 그 길로
정사당으로 가 정무를 보기 시작했다. 오거와 소종을 등
용하여 국정을 맡기고, 또 많은 사람을 주살하거나 등용
했다. 국내는 삼엄하여 공포스러웠지만, 백성들은 크게
기뻐하였다. 3년 간의 안일했던 생활은 신하의 정간·선
악·현명함을 시험하기 위해서였다.

그후, 나라의 세력이 성장하여, 몇 년 후에는 낙동 부
근의 이천(伊川)에 이주해 살고 있던 야만족 육혼(陸渾)
을 정벌한 후, 주의 도읍(하남 성 낙양현) 교외에서 관병
식을 행하였다. 주왕은 중원 제후의 군주로 추앙받는 천
자지만, 원래 중원 제후들에게 경원당한 초왕에게는 아

무엇도 아니었다. 커다란 장애일 뿐이었다.

더욱 노골적인 일이 있었다. 주나라 정왕(定王)은 왕손 만(滿)을 칙사로 보내서 장왕의 수고를 위로했다.

이 때 장왕은 만에게,

「주에는 국가의 보물인 구정(九鼎)이 있다는데, 그 무게는 어느 정도인고?」

라고 물었다.

이 솥은 고대의 성스러운 천자 순(舜)·우(禹) 시대의 중국 전토인 9주에서 구리를 모아 주조한 것이었다. 하 왕조에서 은왕조로 이어지고, 주왕조로 전하는 국가의 보물인 것이다. 장왕이 그 무게를 묻는 이유는, 자신이 천자가 될 수도 있지 않겠느냐는 풍자인 것이다. 만은 그 말뜻을 알아듣고 깜짝 놀랐지만,

「천자는 덕(德)으로 정해지는 것이지 솥이 있고 없음에 의한 것은 아닙니다.」

라고 대답했다.

장왕은 웃으며 말했다.

「당신들은 구정 따위를 믿어서는 안 됩니다. 우리나라 에서는 부러진 칼로도 구정 따위는 만들지 않습니다.」

초의 국력이 천자의 힘과 다름 없다는 뜻이다. 만은 얼굴 표정을 바꾸고, 자세를 바로 하여 구정의 의미를 설

명한 후,

「주의 덕은 무너졌지만, 천명은 아직 남아 있습니다. 솥의 무게 따위를 물어서는 안됩니다.」

라고 대답했다. 초나라가 강대하다고는 하더라도, 주나라를 대신하여 천자의 나라가 될 만한 덕이 없음을 뜻하는 말이다.

장왕으로부터 5대 째 왕은 평왕(平王)이다.

이 평왕 때이다. 태자 건(建)이 15세가 되었다. 건에게는, 이전부터 진의 왕녀를 비(妃)로 맞이하려는 혼담이 오고 갔다.

「태자도 나이가 됐으므로 비를 맞도록 해라. 비를 맞을 준비를 해라.」

평왕은 태자의 소전인 비무기(費無忌)에게 명령했다.

「잘 알겠습니다.」

비무기는 여장을 갖추고 진으로 떠났다. 이 시대, 중국에서는 군(軍)이라는 문자의 조립이 등장할 정도로, 전쟁도 차전(車戰)이 중심이었다. 때문에, 이러한 여행 또한 마차로 했다. 나라의 사절이었기 때문에 아름다운 차 수십 대와 많은 수행인을 데리고 진으로 향했다. 당시, 진은 지금의 섬서성 주변을 영토로 했으며, 도읍은 지금의 섬서성 봉상현 주변이었다.

며칠 후, 비무기는 진의 도읍에 도착하였고, 진나라 왕궁에서 사명을 다하였다. 미리 약속되어 있었던 일이라 진나라 쪽에서도 이의가 없었다. 혼담은 점점 진척되어, 곧 비무기는 태자비와 함께 귀국 여정에 올랐다. 비무기는 도중에 태자비를 살짝 엿보았다. 역사(驛舍)에서 하룻밤 묵기 위해 마차에서 내려올 때, 숙소 뜰에 서서 하늘을 바라보고 있을 때, 그토록 아름다울 수 있을까!

태자비의 나이는 몇 살쯤일까?

태자비의 나이는, 〈사기〉초세가(楚世家)나 〈오월춘추〉에도 기록되지 않았지만, 남편되는 건 태공이 15세이니 태자비도 그 정도일 것이다.

태자비는 진실로 아름다웠다. 꽃잎 같은 향기도 있었다. 깊은 궁 안에서 살아 온 여인이라 고상하고 우아함은 말할 것도 없었다.

비무기는 전율을 느꼈다. 황홀하여 망연자실했다. 영원히 잊을 수 없는 모습이었다. 훔쳐 달아나고 싶었지만 그것은 불가능했다.

(어찌하면 좋을까?)

라고 생각하는 동안, 아무리해도 자신의 것이 될 수 없다면, 이를 미끼로 하여 자신의 출세에 이용해야겠다는 생각이 들었다.

　(태자는 아직 어리다. 여자의 아름다움 따위는 모른다. 모습이 비슷한 계집아이를 맞아 주면 되지 않겠는가!)

　이 음모는 곧 실행되었다.

　비무기는 이유를 붙여, 일행보다 앞서서 급히 초나라로 돌아가 평왕에게 고하였다.

「태자비는 어찌 됐는고?」

　평왕이 물었다.

「그 일에 대해 드릴 말씀이 있습니다. 모셔 오는 태자비는 절세의 미인입니다. 선녀가 무색할 지경입니다. 도저히 이 세상 사람으로는 생각할 수 없습니다. 아름다운 미인을 대왕께서 맞이하십시오. 태자를 위해서는 다른 분을 맞이하도록 하심이 어떻습니까?」

　당시 중국의 제후는 여색을 좋아하였다. 평왕은 더욱 색을 탐했다.

「그토록 미인이더냐!」

　평왕은 크게 동요되는 눈치였다.

　비무기는 더 한층 진나라 왕녀의 미모를 자랑했다.

「좋다!」

　평왕은 승낙했다. 현대인의 생각으로는 참으로 어처구니없는 일이지만, 〈左氏傳〉에 근친 상간의 실례까지 나

와 있는 것을 보면, 당시 중국 제후들에게는 그다지 해
괴한 일이 아니었다.

진의 왕녀가 도착하자, 평왕은 왕녀를 자신의 아내로
삼아 버렸다.

건에게는 제의 후실을 배필로 정하여 아내로 삼게 했
다. 건이 그것을 좋아할 리 없었다. 제나라의 비도 아름
다웠지만, 진의 비가 훨씬 아름다웠기 때문에 더욱 그러
했다. 건은 처참한 굴욕감을 느꼈다.

(비무기 녀석이야말로 내게 가장 충성해야 할 신하가
아닌가! 그런데도….)

건은 비무기를 대하는 태도를 바꾸었다. 그것은 당연
한 일이었다.

비무기는 본성이 간악한 사내로서 출세욕에 사로잡혀
있었다. 그러나 차츰, 평왕이 죽고 건이 왕이 될 경우를
생각하자 불안하여 견딜 수 없었다. 자신은 더 이상 출
세도 할 수 없고, 왕이 된 건이 틀림없이 자신을 주살할
것이라고 생각했다.

(그 때에 이르기 전에 평왕에게 건의 일을 참언하자!)

대체로, 건의 모친은 〈좌씨전〉소공 19년 조에 의하면,
채(蔡)나라의 높은 신분의 딸로 태어났다. 그 당시 채는
초의 속국이었다. 당시 평왕은 아직 태자로, 그 곳에 총

독으로 부임해 갔지만, 그 딸을 흠모하여 정식 혼례를 치르지 않고 맞아 들였다. 한때는 열애하였지만, 남녀의 애정만큼 변하기 쉬운 것도 없었다. 진의 비인 증화(增花)가 나타나자 갑자기 사랑이 식어갔다. 그런 부인에게서 태어난 자식이기 때문에, 건에 대한 애정도 그다지 깊지 않았다.

소부(少傅)로서, 언제나 건을 돕고 있는 사람에 대해 말할 때는 더욱 나쁘게 말했다. 평왕의 건에 대한 애정은 없어지게 되었다.

그러던 중, 진 왕녀가 평왕의 아이를 낳았다. 그 아이를 진(珍)이라고 이름 지었다.

비무기는 출세의 기회를 잡았다고 생각했다.

(진이 다음 왕이 될 수 있으면, 내가 그의 어머니를 왕비로 만들었기 때문에, 틀림없이 나의 덕으로 생각할 것이다. 출세는 내 계획대로다!)

건 태자를 비방하여 고하는 비무기의 참언에, 결국 평왕은 건을 초의 동북 국경의 성부(城父)에 국경 수비의 임무를 맡겨 멀리 보냈다. 건은 부왕의 명을 받고, 얌전히 성부로 갔다. 태부(太傅)인 오사(伍奢)가 따라갔다. 이 사람은 장왕(莊王)에게 직간한 오거의 자손이었고, 대대로 오씨 집안은 초나라의 명문이었다.

비무기의 목적은 건을 태자에서 폐하고, 가능하면 죽이는데 있었다. 이즈음, 비무기는 평왕의 측근 신하가 되어, 기회가 있을 때마다 건을 참언하였다.

「태자는 자신의 아내가 될 진의 왕녀를 대왕이 빼앗았다고 원망하고 있습니다. 주의하십시오.」

또는,

「태자는 성부에 머물면서 막강한 병력을 장악하고 있는데다가, 제후들과도 자유로이 교제할 수 있습니다. 제가 최근에 얻은 정보에 의하면, 아주 무서운 일이 있을 듯합니다. 태자는 제후들의 병력을 빌려 도성을 공격할 음모를 꾀하고 있다고 사려됩니다.」

라고까지 모함했다.

(가능한 일이다!)

평왕은 사람을 보내 건의 태부인 오사를 소환하여 심문했다. 오사는 왕의 의심이 비무기의 참언에 의한 것이라는 것을 알고 있었다.

「근거 없는 의심입니다. 언젠가는 아뢰어야 한다고 생각해왔습니다. 저 혼자만이 아니라, 대왕께서 태자에게 행한 근래의 조치는 부당할 따름이었습니다. 누가 그 원흉인지 잘 알고 있습니다. 보잘것없는 소인배의 말을 믿고, 어찌하여 스스로 자식을 멀리하려 하십니까?」

라고 간곡한 충언을 올렸다.

평왕은 반성하는 기색도 없이, 곧바로 오사를 물리쳤다. 비무기가 평왕 앞에 나아가 왕을 더욱 현혹시켰다.

「화는 재앙을 몰고 옵니다. 지금 화근을 제거하지 않으면 반드시 후회하시게 됩니다. 결국에는 태자가 도성을 공격해 와 대왕을 치고, 스스로 왕위에 오르는 모습이 눈에 선합니다.」

평왕은 그 말을 들었다. 오사를 잡아 투옥시키고, 성부의 사마(司馬 : 토지·군사를 취급하는 관명)인 분양(奮楊)을 불러, 태자를 데려오도록 명했다.

태자가 성부에 오는 대로 죽일 생각이었다.

분양은 왕의 명령이기는 하지만 태자를 죽일 수 없다고 생각했다. 그래서, 발이 빠른 사람을 뽑아 급히 태자에게 사태의 위급함을 알렸다.

「저는 이러한 명을 받고 왔습니다. 급히 도망치십시오! 그렇지 않으면 목숨을 보존할 길이 없습니다.」

건은 놀라서 나라를 빠져나와 송나라에 몸을 의탁했다.

현대인으로서는 비무기의 참언에 대한 평왕의 태도를 이해할 수 없다. 그러나, 이 시대 권력자 계급의 육친의 사랑은 실로 희박했고, 부자 형제간에도 인연을 끊었던 사례는 많았다. 더욱이, 이것은 중국에만 한정된 것이 아니고, 동서양 모두 왕가나 제후의 가족애는 각박한 것이었다.

망을 짜야 고기를 잡듯이, 건을 잡기 위해 비무기는 애썼다. 건의 손발이 되는 인물을 처단해 버리면, 건이 혼자서는 아무 것도 할 수 없다고 생각했다.

비무기는 급히 평왕 앞에 나아가 간했다.

「태자와 함께 음모를 꾀한 오사는 옥 안에 있습니다만, 사에게는 두 아들이 있습니다. 두 사람 모두 현명하기로 유명합니다. 혹시, 이 두 사람이 태자를 도와 음모를 꾸미면 나라의 우환이 됩니다. 깊이 살펴 주십시오.」

「어찌해야 하지?」

「아버지를 용서한다는 조건으로 부르면, 두 아들은 반드시 올 것입니다.」

「옳은 계책이다!」

평왕은 사람을 옥 중의 오사에게 보내어, 말하게 했다.

「당신의 두 아들을 부르시오. 두 아들이 오면 당신은 살 수 있고, 오지 않으면 당신은 죽게 될 것이오. 어떻소?」

사가 말했다.

「형인 자상(子尙)은 오겠지만, 아우인 자서(子胥)는 오지 않을 것이오.」

「그것은 무슨 까닭이오?」

「자상은 정직한 성품으로 정의를 위해 죽음을 두려워 하지 않소. 또한, 정이 많으며 효심이 지극하오. 온다면 아버지를 구한다는 말을 들으면 지체 없이 올 것이오. 그러나, 자서는 지혜가 뛰어나고, 꾀와 용기가 많고 공 명심 높은 성품이오. 온다면 아버지를 살려 줄지, 자기 마저 죽게 될지를 잘 생각하고, 결코 오지 않을 것이오. 훗날 초국은 그 아이로 하여 어려움을 겪게 될 것이오.」

사는 결국 이 두 아들을 부르기를 허락하지 않았다.

그러나, 이러한 말을 듣자, 평왕은 더욱 불안하게 되었 다. 사자를 사의 두 아들에게 보냈다.

사자는 왕의 인수(印綬)를 넣은 함을 갖고 사두 마차를 타고 두 아들에게로 달렸다. 형 자상이 문 앞에 나왔다.

사자는 왕의 명을 전했다.

「그대의 아비 사는 충신자인(忠臣慈仁)하기 때문에 사면하기로 한다. 나는 충신을 의심하여 하옥시킨 일을 미안하게 생각한다. 또한, 다른 나라에도 부끄럽게 생 각한다. 그리하여, 사를 재상으로 임명하고, 그 두 아들 을 후(侯)에 봉한다. 자상에게는 홍도후(鴻都侯), 자서 에게는 개후(蓋侯)를 내린다. 도성과 여기는 불과 3백

여리(주대의 일 리는 삼백 보) 밖에 떨어져 있지 않지
만, 사가 투옥된 후, 그대들에 대한 걱정이 끊이지 않으
므로 이렇게 사자를 보낸다. 급히 와서 아버지를 만나
도록 하라.」
고 말하고, 인수를 넣은 함을 건네 주었다.
「아버님이 투옥당한 후, 우리들은 식음을 전폐하고 밤
낮 걱정만 하고, 아버님의 사면과 무사만을 기원했습니
다. 아버님의 사면된 기쁨만으로도 족합니다. 벼슬 따위
는 탐내지 않겠습니다. 이것은 사양하겠습니다.」
라고 자상이 말했다.
  사자의 태도가 완강하여, 자상은 태도를 바꾸어, 안으
로 들어가 아우에게 말했다.
「아버님이 사면되셨다. 우리에게 후를 내리겠다고 한
다. 사자가 문 밖에서 기다리고 있다. 인수를 넣은 함을
가지고 왔다. 너도 만나겠느냐?」
  〈오월춘추〉에 의하면, 자서는 키가 육척이었다고 한다.
  미간이 넓고, 수려한 용모였다.
  참으로 장부다운 늠름한 모습이었다.
  자서는 흥, 하고 코웃음을 쳤다.
「형님, 좀 앉아서 천천히 생각해 봅시다.」
하고, 형을 앉히고 말하기를,

「모두 거짓말입니다. 우리가 가면 우리마저 죽게 될 뿐입니다. 왕은 우리 형제를 두려워하고 있기 때문에, 우리가 가면 모두 죽일 것입니다. 가서는 안 됩니다.」

자상은 눈물을 흘리며 말했다.

「나도 그 정도는 잘 알고 있다. 그러나, 아버님께서 만나고 싶어하시는 것을 알면서, 자식으로서 가 뵙지 않을 수는 없다. 게다가, 아버님께서 죽음을 당하신 후, 우리들이 그 원수를 갚을 수 없게 될 경우에는 어찌 될 것인가? 천하의 사람들에게 비웃음을 당할 것이다.」

자서는 간곡히 형을 만류했지만 형은 듣지 않았다.

자서는 결심하고 나서 의연하게 말했다.

「그렇다면 어쩔 수 없습니다. 각기 뜻대로 행동합시다. 형님은 가시고, 저는 가지 않겠습니다. 살아 남아 아버님과 형님의 원수를 갚겠습니다.」

자서는 활과 화살을 들고 분연히 외쳤다.

「저는 무슨 일이 있어도 가지 않겠습니다! 헤아려 주십시오.」

라고 덧붙여 말하고, 떠날 차비를 차렸다.

사자는 놀라서 허둥지둥 달아나 버렸다.

자서는 형에게 결별을 고하고 초나라를 떠났다.

주 막(酒幕)

　지금은 남경(南京)에서 양자강(揚子江)쪽으로 백여 리 거슬러 올라가면, 태평(太平)이라는 곳이 있고, 거기서 다시 5·6백 리 올라가면 강폭이 넓고 깊어 호수처럼 되어 있는 곳이 있다. 우측에는 서양산, 좌측에는 동양산이 우뚝 솟아 있다. 마치 거대한 문과 같아 천문산(天門山)이라는 별칭이 있다.

　하늘로 통하는 큰길에 문이 세워져 있다는 것이다. 긴 강을 거슬러서 우뚝 솟아 있으므로 이 문으로 들어가 거슬러 올라가면, 곧 천상에 이를 것 같은 느낌이다. 〈천문산〉이라는 산은 중국에 많지만, 이 백(李白)의 시에「천문이 끝나고 초의 강이 열린다」에서 〈천문〉은 이 산의 이름이라 한다. 이 산은 일명 〈아미산(峨眉山)〉이라고도 한다. 이백의 시에 있어서 「양 기슭의 청산(靑山)이 마주보며 솟았다」라고 씌어진 것을 보면, 돌산이 아니라, 마치 미인의 눈썹처럼 푸르게 펼쳐진 산이리라.

초나라 도읍 가까이에서 자서가 망명하였고, 십여 일 후 그의 아버지와 형이 처형 당했다는 소식을 들었다.

맑게 갠 더운 날이었다.

여기서 서쪽 강가를 일엽 편주를 타고 오르락거리는 남자가 있었다. 나이는 30정도로 보이고, 마르고 키가 큰 남자였다. 유학자가 쓰는 관 위에 대나무 망을 쓰고, 유학복을 입고 있었지만, 팔다리는 모두 걷어올려서 끈으로 동여매고 있었다. 젖어 있는 듯했다. 두루마기는 허리까지 올려붙여 행동하기에 편해 보였다. 신은 두터운 가죽신을 신었다.

이 시대의 남자는 모두 수염을 길렀다. 남자로서 수염이 없는 자는, 죄를 범하여 남자의 기능을 빼앗긴 자 외에는 없다. 이것은 아주 중요한 것으로 면도 따위를 하는 사람은 없었다. 진하고 엷고의 차이는 있어도, 모두 자연스럽게 기르고 있었다.

때문에, 이 남자도 수염을 기르고 있었다. 그다지 보기 좋은 수염은 아니었다. 망건 밑으로 창백하게 야위고 뾰족한 턱에, 약간의 붉은 수염이 섞여서 삼각형을 이루고 있다. 콧수염 또한 그렇다. 엷고 길어서 입술을 덮어 내려와 턱수염과 함께 섞였다.

남자는 배 안에 푸른 옷을 입은 동자를 한 명 데리고 있었다. 열 살이나 넘었을까? 검은 피부에 눈이 큰, 튼튼해 보이는 소년이다.

사공은 이 지역의 어부로, 근근히 살아가는 사람이었다.

남자는 배 위에서 주의 깊게 언덕 모습을 보고는, 때때로 손에 든 수첩에 묵필로 무엇인가를 적었다. 앞 페이지를 읽어보고는 긴 탄식을 하기도 했다. 때로는 배를 기슭에 대고, 풀이 무성한 숲 사이를 헤치고, 제방으로 기어올라 감개 무량하게 둘러보고는 급히 수첩에 기록하는 것이었다.

이렇게 반나절 동안에 서쪽 언덕을 보고, 이번에는 넓은 강을 건너 동쪽 해안으로 가서, 마찬가지로 보며 걸으며 수첩에 기록하는 것이다.

이윽고, 남자는 배를 언덕에 세웠다. 동전 몇 닢을 어부에게 건네 주고, 동자와 함께 배에서 내렸다. 남자도 동자도 곳곳에 황색 흙이 묻은 푸른 자루를 들고 있었다. 갈아 입을 옷과 물건들을 챙겨 넣은 것인지, 큰 바랑이다. 그것을 양손에 들고 어깨에 메고 있는 것이었다.

시각은 오후 4시 경, 날이 길 때이므로 해가 아직 높이 솟아있고 햇살도 따갑지만, 강을 건너 불어오는 바람으로 더위를 견딜 만했다.

제방 위까지 기어 오르자, 동자는 주저앉아서,

「주인님, 저는 배가 고파서 견딜 수가 없습니다. 뭐라도 먹지 않으면 현기증이 날 것 같습니다.」

라고 말했다.

남자는 동자를 내려다보며 말했다.

「너는 언제나 배가 고프구나. 한꺼번에 다 먹어치우고는, 조금도 남기지 않고 네 것뿐 아니라 내 몫마저 다 먹어 버리고….」

꾸짖는 말이 아니다. 동자를 바라보는 눈길도 부드러웠다. 갈색눈은 크고 맑지만, 날카로운 느낌은 아니다. 사려가 깊고 부드러운 눈이었다.

「배고픔은 그렇다치고, 저는 견딜 수 없습니다. 오늘로 이미 10일 이상이나 이 염천 밑에서 걷고 있을 뿐이니, 오늘은 배를 탄 탓으로 견딜 만했습니다만, 어제까지는 아침부터 저녁까지 걷기만 했지 않았습니까? 사찰이라도 걸으면 재미있겠습니다만, 같은 곳을 왔다갔다하며 말도 하지 않는 것은 정말 견딜 수 없습니다.」

동자는 입심 좋게 말했다.

「네 나이부터 수련을 하면 훌륭한 사람이 될 수 있겠지만, 그래도 어린애가 재미있을 일은 아니겠지.」

남자는 탄식했다. 씁쓸한 미소가 마른 뺨에 떠올랐다.

「배가 너무 고파 쓰러지겠어요.」

라고 동자가 투정을 했다. 하늘을 향해 소리치는 것 같았다.

「조금만 참아라. 이런 곳에서 그렇게 해도 소용없음을 잘 알고 있지 않느냐? 저기 보이는 마을까지만 참거라. 주막이 있을 것이다. 오늘밤도 묵어야 하고.」

보이는 것은 곳곳에 내리는 햇살과 푸른 밭뿐이었다. 그 밭 안으로는 2킬로미터 정도 떨어진 곳에 숲이 있고, 그 쪽에 인가가 모여 있었다.

남자는 그 곳을 향해 푸른 자루를 메고 제방 위를 걸어갔다.

「저는 이제 쓰러지겠어요!」

라고 말하며, 동자도 자루를 들었다.

멀리서 바라보아서는 알 수 없었지만, 가까이 보니 그 마을은 매우 컸고 또한 번창해 보였다.

차츰 마을 중심으로 들어가니 매우 넓은 길이 펼쳐져 있고, 그것만으로도 시가와 같았다.

역참으로 이루어진 마을임에 틀림없었다.

주인님이라 불리우는 남자와 동자는 매우 넓은 광장으로 나아갔다. 이윽고, 아주 큰 집 앞에 당도했다. 그 광장에는 말이 매여 있지 않은 몇 대의 마차가 있고, 구석에는 도깨비라도 쫓으려는 듯이 나뭇잎과 가지를 높이 쌓아놓고 있다. 잎이 무성한 버드나무도 있다. 이 집이 역사(驛舍)임에 분명하지만, 푸른색과 흰색이 섞인 깃발을 높이 달고 있다. 이것은 주막으로 술을 팔고 있다는 표시인 것이다. 역사는 공공기관이기는 하지만, 동시에 오늘날의 식당과 같은 것이다.

해가 져 어두워진 가게 안에서는 많은 사람들이 음식을 먹기도 하고 술을 마시기도 하며 시끄러웠다. 남자는 입구에 이르자 얼굴이 두려워졌다. 주저하듯 발을 멈추고 둘러보고 나서, 버드나무 저 편에 그림자가 드리워진 큰 탁자와 다리 달린 상이 몇 개 있는 것을 발견하고, 그곳으로 가 앉았다.

그러자, 가게 주인이 나와 주문을 받았다. 남자는 돼지고기와 야채를 넣은 삶은 감자를 주문했다.

「술은 필요없습니까?」

「두 되 정도만 마셔볼까?」

가게 주인이 주문 받은 음식을 확인하고 돌아가려 하자, 남자가 그를 불러 세웠다.

「오늘밤 여기서 묵고 싶은데, 빈자리가 있을까?」

「예, 있습죠.」

「잘됐군, 여기서 하룻밤 묵겠소.」

이윽고, 주문한 음식이 왔다. 동자는 정신없이 먹고, 남자는 무언가 깊은 생각에 빠진 듯이 묵묵히 술을 마셨다. 두 되를 거의 마시자, 창백하던 얼굴에 붉은 빛이 나타나고, 눈빛이 더욱 번뜩거렸다. 침울해 보이지만, 의기소침하지는 않은 듯하다. 한편으로는 밝은 모습도 있다.

남자는 이제 얼마 남지 않은 감자를 반찬으로 식사를 했다. 두 개 남은 떡도 먹었다. 원래 소식가인지 부족함을 참는 것인지 모르지만 만족스런 표정으로, 저녁 하늘을 배경으로 미풍에 흔들리는 버드나무 가지를 바라보았다.

그 때, 쌍두마차가 요란한 말발굽 소리를 내며 달려와 정거장으로 갔다. 소리가 너무 요란했기 때문에, 눈 깜짝할 사이에 달려들어 정차한 것을 보니, 마차에는 붉은 바탕에 흰 글씨로 「영(令)」이라는 글씨를 새긴 작은 깃발이 꽂혀 있었다. 마차를 타고 온 사람은 관리 옷을 입고 있는 남자였다. 노란 관복을 입고 술이 달린 노란 관모를 쓰고 있었기 때문에 마치 금쥐처럼 보였다.

관리는 교만하여 뽐내며, 검을 허리에 달린 청동 칼집에 꽂고 소리를 냈다.

덜그렁 덜그렁 소리를 울리며 붉게 타는 석양 하늘 밑으로 내려갔다.

음식점 안에서의 소란이 그쳤는가 싶더니, 주인이 달려나와 수레 밑에 서서 수레 위 관리에게 정중히 인사했다. 관리는 인사도 받지 않고 계속 칼 소리를 울렸다. 주인이 달려나갔다. 돌아온 후, 사람들이 밀려나와 웅성거리며 마차 주위에 모여 들었다. 마을 안 모든 사람들이 달려나왔다.

관리는 의기양양해져, 30분 정도 후, 사람들이 광장에 가득 모이자, 멈추어 섰다. 머리 위의 관을 만지기도 하고, 수건을 꺼내 얼굴을 닦기도 하고, 검의 손잡이에 손을 대기도 하며, 마치 싸움닭이 때를 노리듯이 하고 있었다. 목소리를 높여,

「여러분도 아시다시피, 나는 영에서 파견된 관리다.」

라고 말하고, 마차에 붙인 붉은 기를 빼어 들고, 사람들을 향해 두세 번 흔들었다. 양손으로 기를 펴들어 「영

(슈)」자를 보이기도 했다.

　그러자, 사람들은 쥐죽은 듯 조용해졌다.

　「이렇게 내가 특별히 파견된 것은, 대체로 이러하다. 지금 영에서는 큰 소란이 일어났다. 지금까지 태자였던 건왕자가 모반을 꾀하는 불효를 저질렀다. 태자와 함께 모반을 꾀한 신하는 태자 태부인 오사이다. 대왕이 오사를 잡아들여 죄상을 규명하기 위해 재판을 하고 있는 동안, 왕자는 밀사의 폭로로 알아차렸다. 모두 알고 있듯이 몇 년 전부터 북방의 국경 수비 사령관으로 왕자는 성부에 주재 중이었기 때문에, 가족과 함께 탈출해 버렸다. 어디로 갔는지 분명치는 않지만, 왕자의 부인이 제국에서 왔으므로, 그 인연으로 제국으로 탈출하였다고 생각된다. 원흉 건왕자가 도망친 것은 유감이지만 날개를 잘라 버리면 불안은 없어지게 된다. 고로, 대왕은 오사의 두 아들을 잡아오게 하였지만, 형 자상은 잡고 아우 자서는 저항하여 도망쳐 버렸다. 지금도 철저히 탐색 중이지만, 알 수가 없다. 그러나, 대체로 짐작할 수는 있다. 건 왕자를 쫓아 제로 향했든지 오로 향했든지 했을 것이다. 모두 잘 알고 있듯이 우리 초국과 오와는 10수년 전부터 불화로 싸움하여 왔다. 비근한 예로 작년에도 대강에서 싸웠을 정도로 사이가 좋지 않다. 아버지의

불충을 부정하는 오자서로서는 오나라 힘을 빌어 복수
할 뜻을 세울 가능성이 크다. 그런고로, 이 지방은 오나
라 국경과 인접해 있어서 가장 경계해야만 한다. 또한,
오자서가 제나라로 갔다 해도, 우선 오나라로 들어와 북
쪽의 제로 향할 것은 자명한 일이다. 이런 경우, 또한 이
지방으로 잠입할 것이다. 어쨌든 이 곳은 가장 경계해야
할 지역이다. 모두가 경계하라. 오자서의 목을 가져오는
자는 천금, 포박해 오는 자도 천금, 거처를 알려 주는 자
는 오백금, 그의 소식을 알려 주는 자는 물건을 상으로
내릴 것이다. 자서는 키가 1장(丈), 덩치가 그 정도로 체
격이 좋은 남자다. 이마가 매우 넓어서, 보면 틀림없이
한눈에 알아볼 수 있을 것이다. 나이는 25세. 모두 잘 알
아 들었는가!」
라는 최후의 절규 두 마디로, 긴 포고문은 끝났다.
  역장, 즉 이 집의 주인은 정중히 손을 내밀었다. 관리
는 그 손에 의지하여 마차에서 내려와 주인에게 인도되
어 들어갔다.
  사람들은 흩어졌고, 관리는 좀처럼 나오지 않았지만,
마차는 그대로 말에 달린 채였다. 관리는 이 집에서 묵
지 않고, 밤길을 헤치고 더 멀리 갈 것이다.
  버드나무 밑의 탁자를 향해 앉은 남자는, 양손으로 가

는 턱을 받치고, 관리의 마차에 눈을 둔 채 깊은 생각에
빠졌다. 습기가 많은 이 지방에는 모기도 대단히 많았
다. 동자는,

「주인님, 빨리 집으로 들어가요. 모기가 물지 않습니
까?」
라고 비명을 질렀다.

「너는 그만 들어가도 좋다. 나는 조금 더 여기 있겠다.
생각 할 것이 있느니라.」
고 말하며, 동자만을 집안으로 들여보내고 있었지만, 더
이상 견딜 수 없는지 자리에서 일어났다. 이미 완전히
어두워지고 별이 아름답게 반짝이는 하늘을 바라보며
천천히 주위를 돌며 생각에 잠겼다.

남자가 생각하고 있는 것은 아까 관리의 포고로 들은
오자서의 이야기였다.

관리는, 오자서는 제로 도망쳤을 건 왕자를 사모하여
제로 갔던지 오로 갔을 것이라고 말했다. 이것은 추리에
불과하지만, 참으로 끝내 어찌했을까 하는 것이다. 분명
오나라로 갈 가능성은 크다. 관리가 말한 대로 16년 전
부터, 오와 초와는 적대시하여 전쟁만을 일삼았다. 실
은, 그가 이십여일 동안 오와 초의 변방을 돌아다니다
가, 오늘 대강 언덕을 몇 리나 건너온 것은, 오와 초의

전쟁 경과를 조사해 보기 위함이었다. 양국의 사이가 이 러했으므로 오자서가 오의 힘을 빌어 아버지와 형의 원 수를 갚을 것이라는 생각은 누구라도 할 수 있다.

그러면, 오자서가 제로 갈지도 모른다는 생각은 어떤 것인가? 자서가 만일 단순히 자기만의 안전을 구한다면 그럴지도 모르지만 초나라 사람의 기질은 집념이 강하 다. 복수를 단념 할 리는 없다라고 생각했다. 제와 초는 너무 멀다. 몇 개의 나라를 지나야 초로 갈 수 있게 된 다. 복수를 위해 제의 힘을 빌릴 수 없다면, 설사 건 왕 자가 있는 곳이라 해도 자서는 가지 않을 것이다.

「그렇다면, 오자서는 오로 온다. 그리하여 오와 초는 더욱 악화된다.」

결론은 이러했다.

남자는 이 결론에 만족하여, 그 밤은 거기서 자고, 다 음 날 아침 일찍 일어나 동자를 데리고 오로 돌아갔다. 오와 초의 국경으로부터 불과 50리 밖에 되지 않았다.

이 마르고 키 크고 수염이 적은 남자는 성은 손(孫), 이름은 무(武), 자는 장경(長卿)이였다.

미녀화(美女禍)

　당시 오(吳)는 강소성(江蘇省) 남부와 절강성(浙江省) 북부 일대를 차지한 나라였다. 즉, 양자강 하류의 하구 지대 남북에서부터 항주만, 전당강(절강) 주변까지가 그 영토였다. 수도는 지금의 소주(蘇州) 주위였다.

　오와 초의 국경지대의 옛 전쟁터를 둘러보고 온 손무는, 오나라 수도 서쪽으로 사십 리 정도 떨어진 산 속에 있는 저택에 파묻혀 살고 있었다. 이 곳은 태호수 반도의 중심으로 일종의 호반 지대이고, 종횡으로 작은 내가 흐르는 기름진 옥답지대다. 손무가 살고 있는 산은 이 반도의 중심에 있다. 이 산으로부터 이십 리 정도 동남으로 가면 고소(姑蘇)라는 산이, 푸른 밭 속에 솟아 있다. 후에 그 위에 오왕(吳王)의 궁이 세워졌기 때문에 수천 년 후, 오늘에 이르기까지 유명한 고적이 되었지만, 이때는 그 이전이다. 경치 좋은 보통 산에 불과했다.

손무는 지금으로부터 정확히 10년 전에, 제(齊)에서 이 나라로 이주해 왔다. 몇 명의 가족과 노예를 데리고 이 나라로 와서, 오국의 정무에 출두하여 이주 허락을 받고, 당시까지 잡초가 무성한 들이었던 이 부근 일대를 받았다. 그는 이 산 근방에 부락을 이루고, 종횡의 작은 냇물을 넓혀 배수를 쳐, 10년 사이에 훌륭한 옥답지대로 만들어 놓았다. 이 마을 이름을 손가둔(孫家屯)이라 하였고, 이는 손씨 마을이라는 뜻이다.

이 시대, 중국은 어느 나라나 모두 토지보다 인구가 적어, 조금만 노력해도 훌륭한 경작지가 되는 들판이 얼마든지 있었으므로, 제후는 이러한 이주자들을 환영했던 것이다. 맹자(孟子)는 다음 시대인 전국시대(戰國時代) 사람이지만, 맹자 양혜왕(梁惠王) 편에, 양 혜왕이 스스로 백성의 이주를 증가시키기 위해 노력했으나 성과가 없자, 맹자에게 한탄했다는 구절이 있는 것이 그 증거다. 백성이 증가한다는 것은, 생산이 증가하는 것이며, 세입이 느는 것으로 제후의 부가 강대해지는 것이다. 각 나라가 부패하는 것은 당연한 일이다.

　손무는, 이주해 왔을 때, 오왕의 정청에 출두해, 이주 허가와, 주소와 개간지를 부탁하고, 이렇게 자기의 성 (性)에 대해 설명했다.

　「저희 본가는 제(齊)의 전(田)이지만, 저의 할아버지 서(書)께서, 제후로부터 손(孫)이라는 이름을 하사받아, 그 후로는 〈손〉이라는 성을 쓰고 있습니다.」

　제의 전씨라면, 천하에 소문난 명가다. 진(陳)의 여공(厲公)의 아들 완(完), 자(字)는 경중(敬仲)이 내란을 피해 제로 와서, 전이라는 성을 사용했다. 대대로 학식과 덕망이 높은 자가 배출되어, 전씨 일족은 제에서 굴지의 경(卿), 대부(大夫)가 되어 오늘날에 이른 것이다. 이렇게 명가로 알려졌으므로, 오의 관리는 놀라 반문했다.

　「전경중(田敬仲)으로부터 5대 후손 손서(孫書)가 저희 조부입니다. 대부였지만, 제가 거국(지금 산동성 여현)을 정벌했을 때, 큰 무공을 세워 경공(景公)에게 낙안(樂安 : 산동성 북부)을 받아, 〈손(孫)〉이라는 이름을 붙여 전씨로부터 독립했습니다. 이것이 손씨의 발생입니다. 이렇게 제에서는 전씨족인 진(陳)·포(鮑)와 련(欒)·고(高)의 세력 다툼이 높아져, 결국 싸움이 일어나고 련·고 양씨는 멸망해 버렸습니다. 본래 저희 본가의 맥인 양씨가 이겼기 때문에 저로서는 본국에 머물러 있어도 조금도 위험하지 않지만, 전씨 일족의 행위는 저로서는 용납할 수 없는 것이 있습니다. 신하되는 사람이 세력을 키워, 그것으로 어질지 못하고, 주군을 섬기지 않으며 사사로이 다투는 따위는 군자로서 부끄럽게 생각하는 바입니다. 그것이 저희 본가이므로 저는 그 곳에 돌아가지 않겠습니다. 나라를 떠나 대왕의 백성이 되기로 결심했습니다.」

라고 손무는 대답했다.

　제의 전씨 난에 대해서는 정확한 정보가 있으므로 사실인　것은 분명하지만, 손무의 그에 대한 태도는 참으로 재미있다. 현자(賢者)의 행동이라면, 하고 관리는 생각했다.

　하여서, 오왕에게 보고되어, 현자는 들에서 사는 것보다 등용하여 생활하는 것이 좋다는 의견이 모아졌다.

　당시 오왕은 여제(餘祭)였다.

　「좋다, 등용시켜 보자.」

하여, 궁중으로 들어와 생활하도록 하라고 하자, 무는,

　「당치 않으신 분부입니다. 세상에 나와 교제하면, 저는 틀림없이 화를 입게 될 것입니다. 저는 재주도 없고 또한 병약한 체질이라, 가능하면 세상과 인연을 맺지 않고 자연을 벗삼아 천수(天壽)를 마치고 싶은 생각뿐입니다.

논밭에서 서민의 한사람으로 살도록 허락해 주십시오.」
라고 분명히 말했다.

오왕도 풍채가 좋아 보이지 않았으며 성질도 약해 보였다. 탁론이라면 지겨운 것으로 여길 만큼, 어떤 집착도 없는 인물이었다.

「명가의 후손이라 유감이지만, 정 그렇다면 할 수 없지.」
라고 분명히 말하는 것이었다.

손가둔은 집채 칠팔십 호의 부락이다. 점토를 다져 햇빛에 말린 연와로 벽을 쌓아 올리고, 지붕은 목재와 대나무로 만들어 풀로 엮은 작은 집이 꼬불꼬불 구부러진 길을 따라 세워져 불규칙한 느낌이지만, 산골의 집들은 모두 가까이에 모여 있었다. 부락을 여유있게 넓혀 연와로 담을 높이 쌓았다. 도읍과 가까워 도적떼는 많지 않지만, 부락에서 키우는 소, 돼지, 양 따위가 달아나기도 하고 산 짐승이 들어오기도 하여, 그것을 막기 위해서다. 이 담 안 쪽에는 채소밭도 넓게 펼쳐져 있다.

족장 손무의 집은 산 중턱에 있다. 이것도 풀로 엮은 것이지만 대단히 훌륭했다. 저택은 연와로 담을 치고, 그 안에 아름다운 푸른 나무 숲이 있어, 그 안 쪽으로 몇 채의 집이 보인다. 보기에도 부유한 선비의 집이었다.

손무는, 오와 초의 국경지대 싸움터를 둘러보고 와, 안채에서 떨어진, 저택에서 가장 은밀히 세워진 작은 별채로 들어가, 때때로 뒷짐을 지고 이해할 수 없다는 듯이 저택을 걷기도 하고, 별채에 쳐박혀 있기도 했다. 수집한 기록을 정리하는 것이었다.

종이가 발명 될 때까지, 6백 년 이상이나 기다려야 했다. 기록을 할 때는 나무나 대나무에 칼로 새기든지, 옻칠로 쓰던지, 비단이나 포에 써 둘 수밖에 없었다.

손무는 포로 만든 메모 수첩에 기록해 온 지도를 커다란 비단에 옮기고, 군대와 군함의 위치를 기록해 두고, 그 이동까지 기록했다. 또한, 대나무에 칼로 싸움의 원인, 경과, 결과를 문장으로 새겨 두고, 거기에 대해 평을 하기도 했다.

그 자신은 전쟁 따위는 딱 질색이다. 자신을 향해 칼을 뽑거나, 창을 들어 돌진해 오는 적을 상상하면, 그것만으로도 무서워 등줄기가 서늘해진다.

그러나, 전사(戰史)를 연구하는 일은 매우 재미있다. 어렸을 적부터 아는 사람을 만나면, 과거 전쟁에 대해 묻기도 하고, 실전 경험이 있는 사람에게는 실전담을 듣기도했다. 그 결과, 승자에게는 승리하는 이유가 있고, 패자에게는 실패하는 이유가 반드시 있음을 깨닫게 되었다.

(이 이유를 규명하여, 아군에게는 승리의 조건을 갖추고, 적에게는 실패할 조건을 구비하면 백전백승이 있을 뿐이다.)
라고 생각했다.

이 법칙을 정해 어떻게 하려는 생각은 없다. 백전백승의 전술을 정하여, 그것을 제후들에게 알려 주고 벼슬을 얻을 생각도 없다. 그는 자신이 겁이 많다는 것을 알고 있다. 칼과 창이 번쩍거리며 난타하는 질풍노도의 회오리 속에서는 도저히 견딜 수 없음을 잘 알고 있다. 그리고 그에게는 명리에 욕심이 없다. 모자라거나 풍족하거나, 그저 평범하게 조용히 일생을 마치고 싶다는 생각뿐다.

결국, 손무의 전쟁 원칙 연구는 부유한 지주로서 지식인인 족장의 취미에 불과하다.

전쟁 연구라해도, 후세처럼 전쟁 기록이 자세하고도 많은 시대가 아니다. 간혹 있더라도 연대기(年代記) 식으로 「몇년 몇월 몇일에, 어떤 군이 어떤 군과 어디에서 싸우고, 어떤 군이 패했다. 그 결과는 이러하다.」라고 간결하게 씌어졌을 뿐이다. 병력의 기술이 아니기 때문에, 전법(戰法) 따위가 쓰여졌을 리가 없다. 아무래도 그 싸움에 참전했던 사람을 만나 자세한 이야기를 들어 보아야 한다. 그래봐야 한두 명에 불과하다. 개인의 기억은 부분적이며, 기억이 잊혀진 것도 많다. 가능한 많은 사람에게 들어 종합할 필요가 있다. 가능하면 적군이나 아군 모두에게 듣는 것이 좋다.

이리하여 일단의 줄거리가 잡히면, 그 전쟁터로 가서, 지세를 보고, 다시 한번 검토한다.

귀찮아져서 중단하는 경우도 있지만, 단념에 이어 오늘날까지 한 것이 20년 가까이 된다.

오·초 국경지대 전적 조사도 이 때문이었다.

오·초간에 최근에 싸움이 일어난 것은 16년 전이다. 그 이전에 제(齊)의 중신인 경봉(慶封)이라는 사람이 죄를 짓고 본국을 떠나 오(吳)로 도망쳐 왔다. 오왕 여제는 이 사람을 보호해 주방(朱方 : 지금의 강소성)을 부여하고 거기서 살게 했다. 이 경봉이라는 사람은 제후의 미움을 받은 자였다. 초는 이전부터 오와 사이가 좋지 않았기 때문에 당시 초에 대해 강국이었던 진(晉)과 결탁하여 병사를 이끌고 오를 치러 갔다.

초와 오의 사이가 나쁜 이유는 50년이나 지난 옛날 일이다. 초는 오에게 호되게 당한 일이 있다. 초의 호걸왕 장왕 시절, 초의 국력이 강대해져 패왕으로 천하에 군림했고, 그 때 초가 진(陳 : 하남성과 안휘성 사이)을 정벌하였다.

진나라 대부 하미서(夏微舒)라는 자가 주군을 살해하고 왕위에 오른 사건이 일어나, 패자로서 면목상 정벌하러 간 것이다.

이 시해사건은 매우 사소한 애욕사건이 원인이 된다. 시해자 하미서의 모친 하희(夏姬)는 정국의 공주로, 하미서 아버지에게 시집와서 미서를 낳았지만, 중국 역사상 대단한 미인이라서 보는 이의 마음을 사로잡는 것이다. 친정에 있는 동안 형 영공과 동생 자공과 통했기 때문에, 영공과 자공을 죽였다. 진으로 시집오고 나서는 남편이 죽자 진주(陳主) 평국과 통했다. 자유분방해서인지, 마음이 약해 남자의 말을 거절하지 못하는 성격이었는지는 모르지만, 그 후에도 대부 공영(孔寧) 이라는 자와, 의행부(儀行父)라는 자와도 통했다. 삼각관계인지 사각관계인지가 됐다.

세 명의 정부 사이에서 특별한 문제는 없었다. 어찌된 영문인지 사이좋고 평화스러운 정교가 계속됐다.

이런 이야기가 있다.

진의 정사당에서 엄숙한 의식이 거행될 때 정면에 앉

아 있던 평국이 빙글빙글 웃으며 대부석을 보고 때때로 옷깃을 펴 보였다. 그러자, 대부 두명도 빙글빙글 웃으며 옷깃을 펴 평국에게 보였다. 세 사람 모두 하희에게 받은 여자 속옷을 입고 서로 자랑하는 것이었다. 결국, 신성한 정사당에서 각료들이 모두 자리한 엄숙한 의식장에서 친근함을 나타내는 것이다.

이것으로 이러한 관계를 짐작하던 사람은 분명히 알 수 있게 되었고, 소문은 급속히 퍼졌다.

겨우 청년이던 하미서에게는 견딜 수 없는 치욕이었다. 관계자 중 한 사람은 주군이라서 아무것도 할 수가 없었다.

그 이듬해 여름, 하미서의 집에 경사가 있어 많은 축하객이 모였다. 그 자리에서 평국은 술에 취해 두 대부에게 말했다.

「보아라, 미서는 생김새도 두 사람 모두 닮았구나. 눈썹 주위는 공영을 닮았고, 풍채는 의행부를 쏙 뺐구나.」

그 두 사람의 자식이 아니냐는 농담이다.

두 사람은 웃으며,

「아닙니다. 얼굴도 풍채도 당신을 완전히 빼 닮았습니다.」

라고 대답했다. 주군의 자식이라는 뜻이다.

어쨌든 좋지 않은 풍자다.

미서는 더 이상 참을 수 없었다.

그날 밤, 평국이 술에 취해 돌아가려고, 마차를 타려던 때, 어둠 속에서 활을 당겨 주군을 사살했다.

하씨 일족은 가산도 많고 세력도 막강했다. 그리고, 하씨를 동정해 온 사람들도 많았다. 수비를 굳게 하고 있었기 때문에, 정부(情夫)의 균형이 깨진 두 대부의 능력으로는 어찌 할 수도 없었다.

그리하여, 초(楚)의 장왕(莊王)에게 호소했다.

장왕은 군사를 이끌고 스스로 진출하여 하미서를 죽이고 하희를 사로 잡았다.

하희는 놀랄 만큼 아름다웠다. 이미 청년이 된 미서의 생모였으므로, 적어도 나이가 사십 가까이 됐을 터인데, 도저히 그 나이조차 느낄 수 없을 만큼 젊음과 요염함을 지니고 있었다.

역시 호걸 장왕도 황홀해져 넋이 빠져, 하희를 사모하여 데리고 돌아가 후궁으로 삼으려 했다.

그것을 간언한 자는 대부 무신(巫臣)이었다.

「하희는 이번 대란의 씨로, 희대의 음란한 여인입니다. 그런 여인을 사모하시면, 천하의 원성을 듣게 되고, 결국에는 천자이신 대왕의 큰 뜻을 잃게 되고 말 것입니다. 부디 자중하시기 바랍니다.」

라고 간절히 말했다.

장왕은 미련을 갖긴 하였지만, 역시 현명하게 생각하여, 깨끗이 단념하고, 장군 자반(子反)에게 주었다. 자반이 만족하여 매우 기뻐하고 있을 때, 무신은 자반의 집으로 가,

「하희는 불길한 여자입니다. 그녀가 있는 곳에서는 반드시 불상사가 일어나고, 그녀와 관계된 자는 모두 불행하게 죽음을 마쳤습니다. 천하에는 미녀도 많은데 어찌하여 이러한 불길한 여인을 얻고도 기뻐하고 계십니까?」

라고 충고했다.

무신은 초에서는 현인으로 이름 높은 사람이다. 자반은 반성하여 단념하고, 하희를 되돌려 보냈다.

대부 양노(襄老)는 장왕에게 간청하여 하희를 받았다.

그 후, 얼마 안가서 초는 진(晉)과 필(하남성)에서 대전하여 큰 승리를 얻어, 장왕의 명성은 더욱 높아졌지만, 이 싸움에서 양노는 전사하여, 그 시체는 적군에 넘어가 장례식 조차 치르지 못했다.

「불길한 여인을 취한 댓가다.」

라고 세상 사람들은 소름끼쳐 했다.

하희는 양노의 미망인으로 살고 있는 동안, 양노의 장남 흑요(黑要)라는 자와 밀통하였고, 그 소문은 세상에 널리 퍼지게 되었다.

무신은 소문을 듣자, 견딜 수 없게 되었다. 그가 하희를 사랑하는 남자가 있을 때마다 간언하고 충고했던 것은 그 자신이 하희를 사모했기 때문이다.

무신은 현명하고 냉정한 사람이었으므로, 그 사랑은 직접적으로는 불가능하다고 생각하고 있는데, 일이 여기에 이르자, 자기의 본심은 하희를 열애하여, 하희 외에는 아무것도 필요없음을 깨닫게 되었다.

무신은 점점 제 정신은 잃어갔다.

애욕(愛慾)과 의지(意志)

　무신은 하희를 방문하고 자신의 연정을 말했다.

　「친정인 정(鄭)으로 돌아가시오. 그러면 때를 보아, 내가 청혼하여 부인으로 맞이하겠소. 정으로 돌아가는 주선은 내가 하겠소.」

라고 말하자, 하희는 승낙했다.

　곧 정의 후실로부터 하희에게 사자가 왔다.

　「양노의 시체를 진으로부터 돌려받게 되었습니다. 그런데 조건이 붙어 있습니다. 반드시 부인 하희가 친히 와서 받아가라는 조건입니다.」

라고 말했다.

　무신이 정나라에 손을 써, 미리 공작을 꾸민 것은 말할 필요도 없다.

하희는 장왕에게 이를 아뢰고, 허락을 간청했다.

장왕은 무신에게 의견을 물었고, 무신은 이 말을 듣고 허락해 주라고 대답했다.

하희는 정으로 돌아갔다.

곧, 양노의 시체는 초로 돌아왔지만, 하희는 돌아오지 않았다. 정에서 무신을 기다리고 있었다.

이듬 해, 장왕이 죽자 공왕(共王)이 즉위했다.

공왕 2년, 초는 제와 협력하여, 노(魯)를 공격할 계략을 세우고 있었으므로, 전략을 위해, 제로 사신을 보낼 일이 생겼다. 무신은 자청하여 사신이 되어 초를 떠났지만, 물론 돌아올 생각은 없었다. 일가족과 집에 소속된 군대마저 반정도 데리고 떠났다. 무신의 집안은 초 왕국의 일족으로 부귀를 누렸으며, 무신 자신은 초나라 현대부로 가장 훌륭한 인물로 세상에서 추앙받고, 왕의 신임도 돈독했다. 그는 하희를 얻기 위해 이 모든 것을 떨쳐버리고 나라를 떠나려는 것이다. 애욕의 열정은 물불을 가릴 수 없게 한다.

무신은 정으로 가서 하희와 결혼했다. 이 사건에서 우리가 놀라는 것은, 이때 하희 나이는 아무리 젊게 잡아보아도 오십 가까이 됐을 것이다. 그래도 무신과 같은 인물을 매혹시키는 매력을 간직하고 있다는 사실이다. 요염하고 아름다웠던 것이다.

무신이 하희와의 애욕에 빠져, 정에 머물러 있는 사이에, 제와 노의 사이에 전쟁이 일어나, 제는 노를 침략하고, 위(衛)까지 침략했다. 노와 위는 진에 원조를 구했다. 진은 이를 듣고, 마차 8백대를 내보내, 승승장구하는 제의 군대를 노·위군과 함께 안(鞍 : 산동성)에서 추격하여 크게 무찔렀다. 제후 스스로 때때로 진으로 온다는 조약까지 체결하는 협정을 하여 대승리를 거두었다.

이 전투에서 제의 국위는 떨어질 대로 떨어졌다. 무신은 자기를 의지할 나라가 제일까? 진일까? 망설이고 있었는데 이것으로 생각을 결정하고 진으로 하기로 했다.

진의 경공은 무신이 재간있는 사람임을 잘 알고 있었다. 기쁘게 맞이하며, 대부로서 형(邢 : 직예성)을 지행지로 내주었다.

무신의 이러한 배신 행위는 초의 군신들을 분격시켰고, 장군 자반을 가장 화나게 만들었다.

「무신의 흑심의 깊이는 알 수가 없습니다. 그가 선군 장왕에게 간언하여 하희를 단념시킨 것도, 제게 충고하여 되돌려 보내게 한 것도, 모두 자기 자신이 하희를 사모하였기 때문입니다. 대왕을 속이고, 친구를 팔고, 게다

가 나라를 배반한 것입니다. 처형당해 마땅하지만 지금
은 불가능하니, 진으로 복병을 보내 무신을 잡아오도록
합시다.」
라고 공왕에게 건의했다.

공왕은 자반을 달랬다.
「무신의 행위는 마땅히 증오 받아야 하지만, 그가 정국
의 음난한 여인에 대해 선군에게 간하고, 경에게 충고한
것은 결과적으로 결코 나쁘지는 않습니다. 초의 사직을
위해서도, 경의 집안을 위해서도 그렇습니다. 잠시 시간
이 지나고, 진에서 무신이 무익한 인물이 되면, 우리가
가만히 있어도 그를 없앨 것이오. 잠자코 기다리시오.」

그러자, 자반도 더 이상 말할 수 없게 되었다. 5년 후,
이전부터 무신에게 앙심을 품고 있던 자중(子重)이라는
자를 시켜, 초에 남아 있는 무신의 일족을 모두 죽이고,
한때 하희와 밀통했던 흑요도 죽였다. 흑요를 죽인 것으
로 자반의 분노는 하희에 대한 질투임을 알 수 있다.

이들의 저택, 재산, 처와 첩, 노예들은 모두 자반과 자
중이 나누어 가졌다. 이 시대 중국에서는 이런 경우, 죽
은 사람의 재산은 죽인 자의 소유가 되는 관습이 있었
다.

〈좌씨전〉에 이러한 기록이 있다. 「적국을 멸망시킨 것

과 같은 처치를 하고 있다.」이 이야기로 보아, 고대 중국
은 작은 부족국가가 무수히 많았으며, 그것들이 모여 몇
개의 큰 나라가 된 것도 알 수 있다. 또한 이 시대에는
그 부족국가 시대의 잔재가 농후하게 남아 있음을 알 수
있다.

　이 소식을 전해들은 무신은 분노했다.

　「나는 반드시 복수하겠다. 기필코 너희들을 죽이겠
다.」

라고 자반과 자중에게 서찰을 보내고, 진후에게 나아가
말했다.

　「지금의 천하 대세를 보면, 지난 해, 안에서의 대전 이
후, 제의 국위는 땅에 떨어졌고, 진과 초가 강국으로 남
북에 응시하고있는 상태입니다. 세상의 열국들은 진이
나 초에 속하여 존립하고 있습니다. 이 양 세력은 언제
까지나 양립할 수 없습니다. 자웅을 결정할 때가 왔음이
눈에 보입니다. 지금 손을 쓰지 않으면 후회하실 일이
생기게 될 것입니다.」

　「그것은 알고 있습니다만, 경에게 무슨 좋은 전략이라
도 있습니까?」

하고, 진후는 물었다.

　「초는 대강 이남을 점유하여, 남만의 여러나라를 이미

속국으로 삼아 그 세력이 막강합니다. 초의 국력을 약화
시키려면 이 남만 제국들로 하여금 초에 반기를 들게 하
는 수밖에 없습니다. 거기에는 우선 오를 이용하여 반대
하게 하는 것이 제일입니다. 오는 열국이긴 하지만 왕가
의 혈통은 주나라 문왕(文王)의 아버지 이력(李曆)의 장
형 태백(太伯)의 자손입니다. 가계의 존귀함을 자랑하고
있지만, 초의 국력에 눌려 계속 속국이 되어 있습니다.
그러면서, 요즈음 듣자하니, 오왕 수몽(狩夢)은 대단한
호걸이라 합니다. 반드시 초에 대해 마음이 편치 않을
것입니다. 설득하면 반드시 초에 반기를 들게 될 것입니
다. 우리나라가 오와 힘을 합쳐, 우리는 북에서 초를 공
격하고, 오는 동으로 초를 공격하면, 초는 대항할 수 없
게 되어 반드시 패하고 말 것입니다. 허락하시면 제가
오로 가서 오왕을 설득시키겠습니다.」

「좋소, 그리해 주시오.」

무신은 오로 향했다. 그가 초를 떠날 때, 집 소유 군대
와 군사용 마차를 절반 가져온 것을 썼는데, 오로 갈 때
그것을 가져간 것이다. 이 때 마차 한량은, 갑사(甲士)
30인, 차사(車士)25인, 기병72명, 모두 백여 명으로 편
성되었으므로, 무신은 천오백 명의 군사를 이끌고 오로
간 것이다.

오왕 수몽은 무신의 말을 듣고, 크게 기뻐하여 진과 동맹하기로 했다.

「경의 가르침을 받도록 하지요.」

라고 말하고, 만사를 무신에게 맡겼다.

무신은 오의 군대의 훈련을 맡았다.

지금까지 오군은 만이동사(蠻夷同士) 전투밖에 경험하지 않았기 때문에, 보병과 기마병 전투 방법밖에 몰랐다. 이것으로는 마차를 중심으로 하는 중국 여러나라와 초의 군사력에는 어림도 없다. 그는 가져온 마차로 여러 가지 전법을 가르쳤다.

오나라인은 병사로서 이상적인 소질을 갖고 있었다. 일상 생활이 질박·단순·살벌한 그들은 강건하고 용감하며 복종심이 풍부했다. 이 훈련으로 불과 반년도 지나지 않아 눈에 뜨일 정도로 강력해졌다.

잘 갈은 검과 같은 오군을 이끌고, 무신은 물가에 누운 사슴을 잡는 호랑이처럼, 초의 허점을 노렸다. 그 해 가을, 초가 정으로 군사를 내보내 본국이 비게 되자, 오왕을 설득하여 초의 속국 소(안휘성에 소성이 있다)와 서(徐: 강소·안휘성 경계에 있는 매올지)를 정벌하여 빼앗았다.

또한 이 때, 진은 제후를 마릉(직예성)에 모아 동맹을 맺었다. 이것은 초에 대한 시위였지만, 오는 여기에 대응하여 병사를 초로 보내 초의 주래(州萊: 안휘성)를 침략했다. 무신이 선언한것처럼 자반과 자중은 1년 동안에 7번이나 병사를 이끌고 달아나지 않을 수 없게 되었다.

이렇게 하여 기회를 틈타 오는 초를 침략했다. 한편, 진은 중국에서의 초의 보호국에 손을 뻗었다. 초는 북으로는 오에게 허리를 잘리웠고, 동으로는 진에게 머리를 빼앗겨, 어려운 입장이 되었다. 몇 년 지나는 동안 남만 제국은 하나하나 초를 떠나 오에 복속했다.

또한, 정의 언릉(하남성)에서 진과 결전한 끝에 대패했다. 공왕이 부상당해, 한 쪽 눈을 잃고, 자반은 패전의 책임을 지고 자살했다고 할 만큼 대참패였다. 초의 패위는 완전히 잃어 버렸다. 무신의 복수는 보기좋게 성공했다.

무신은 자기의 아들 호용(狐庸)을 오에 남겨 두고, 행인(行人:외교관)이 되어 진으로 돌아갔다. 호용은 후에 오의 재상이 되었다.

이상의 발단은 무신에게 나왔다해도, 오가 무신의 말에 찬성하지 않았다면, 이런 일은 없었을 것이다. 그리하여 초는 오에 원한을 품고 있는 것이다.

　언릉에서의 싸움이 있고 나서 30년 후 앞에서 조금 언급했던 대로, 제의 경봉(慶封)이 나라를 떠나 오로 왔다. 이 남자는 교만하여 도의 따위는 아랑곳하지 않는 인물이었지만, 그가 제에서 세력을 얻게 되기까지는 이러한 사정이 있다.

　제의 대부로 최저(崔杼)라는 자가 있었다. 이 자의 후처가 대단한 미인으로 제의 장공이 이 여인과 정을 통했다. 최저는 생각 끝에 교살을 결심했다.

　어느 날, 최저가 아파서 결근하자, 장공은 황급히 문병 명목으로 최저의 집으로 와, 이미 알고 있는 최저의 처의 방문 앞 문기둥을 두들겼다.

「영을 받고 왔습니다.」

라고 작은 소리로 말하며 두들기는 것이었다.

　최저는 집안 신하들에게 명을 내려, 곧 문을 닫고, 무사들에게 명하여 장공을 덮쳤다. 장공은 놀라 별당으로 도망쳐 도와줄 것을 애원했지만, 최저는 용서없이 무사를 시켜 그를 죽이도록 명했다.

「무엇이든 경이 만족할 만한 약속을 하겠습니다.」

라고 말해도,

「안돼.」

라고 거절했다.

　장공은 눈물을 흘릴 뿐이다.
「마지막으로 궁전에 돌아가 선조의 종묘에서 자살하도
록 해주시오.」
라고 말했지만, 이것도 거절당했다.
　장공은 틈을 타 도망치려고 할 때, 화살을 허벅지에 맞
았다. 병사들이 덮쳐 그를 죽였다.
　커다란 혼란이 일어났지만 최저에게 반항하는 자는 없
었다. 제후가 되어 자기가 상(相)이 되어, 경봉을 좌상에
임명했다. 경봉의 집안은 전부터 세력이 강한 집안이었
지만, 이 때부터 더욱 세력을 확장하여 제나라 내에서
는, 속으로는 모르지만, 겉으로는 대항할 자가 없게 되
었다.
　이듬해, 최씨 가족 내에서 싸움이 일어났다. 최저의 전
처　소생 아들과, 후처 아들 사이에 싸움이 생긴 것이다.
최저는 경봉의 집으로 와 진부를 의뢰했다.
「좋다, 너희 집 재난은 우리 집 재난이나 마찬가지다.
마음 아프다. 빨리 사실을 알아보자.」
라고 대답하고, 병사를 데리고 일망타진하여, 한 사람도
남김없이 모두 죽였다. 아름다운 후처는 집에 남아 있었
지만, 스스로 목을 매어 자살했다.
　이렇게 해 두고 경봉은,

「완전히 해결했으니, 이제 조금도 염려하지 마라.」
고 말하고, 최저를 마차에 태워 친히 함께 최가로 돌아
갔다.

　최저가 인사하고 안으로 들어가 보니 가족 모두가 몰
살당해 참담한 모습뿐이다. 너무 슬퍼 스스로 목을 매
자살했다. 이 시체는 다른 곳에 숨어 있어 겨우 위기를
피한 최저의 후처의 아들 최명(崔明)이 밤에 몰래 들어
가, 선조의 묘지로 옮겨와 매장했다. 그리고 최명은 노
(魯)로 도망갔다.

　경봉은 이렇게 하여 가장 간악한 계략으로 최씨 일가
를 멸망시키고, 지금은 제나라 중신의 일인자로 재상이
되어 국정을 손아귀에 쥐고 있다.

　성격이 간악한 경봉이, 높은 자리에 오르자, 일을 제대
로 할 리가 없다. 그는 곧, 정무를 아들 경사(慶舍)에게
맡기고, 자기는 노포별(盧蒲嫳)이라는 대부 집에서 재물
을 쌓아 놓고, 매일밤 잔치를 열고, 밤새도록 처와 첩을
바꾸며 자기까지 했다.

　중국 민족의 성도덕은 대단히 준엄했다. 동성 결혼도
금지되어 있었다. 춘추시대(春秋時代)에는 준엄했던 성
도덕도 대단히 문란해 졌다고 하지만, 이 정도는 아니었
다. 경봉이 가장 퇴폐하고 타락했던 자였음을 알 수 있

다.

이런 경봉이었기 때문에 정치 역시 문란했다. 제의 중신들 사이에서는 어느 틈엔가부터 모반이 계획되어, 경봉이 사냥 나간 틈을 타, 경사를 죽이고, 측근도 죽었다.

경봉은 사냥에서 돌아오는 길에, 이 소식을 듣고, 군사를 모아 도읍으로 들어가 북문을 부수고 궁을 공격했지만, 실패했다. 본국을 떠나 노(魯)로 떠났지만, 제에서 노로 다른 청을 했기 때문에, 할 수 없이 오로 도망쳐 온 것이다.

오왕 여제가 이를 맞아들여 보호해 주며 주방(朱方)을 지행지로 준 것은 이미 앞에서 말했다. 경봉은 몇 년 간 주방에서 역시 부유하게 살았다. 이것이 세상 사람들에게 기분좋은 일은 아니었다. 착한 사람은 복을 받아야하고, 나쁜 자는 천벌을 받아야 한다는 것이 사람들의 염원이었다.

「경봉을 죽이기 위해 오를 공격하는 것은 세상사람들의 바램이기도 합니다.」

라고, 초에서는 점점 분위기가 고조되어 갔다.

그런데, 다시 새로운 정보가 들어왔다. 경봉이 오를 위해 열국 탐색의 임무를 띠고, 열국들을 비밀리에 탐색하여, 오에 알려준다는 것이다.

「좋다!」

당시, 초는 영왕 때였지만, 제후들이 결의하여 군사를 모아, 오를 공격하고, 주방을 포위해, 경봉을 포로로 삼고, 그의 가족을 모두 죽였다. 초왕은 경봉 또한 처형시킬 계획이다. 호걸왕 장왕을 보필하던 오거(伍擧)는, 비록 늙었지만 남은 생명을 걸고 초왕에게 간했다.

「상처입은 사람을 죽일 수 없다는 속담이 있습니다. 경봉은 주인의 말을 따랐을 뿐입니다. 때문에, 천벌이라 해도 그럴 수는 없어서, 단지 지금까지 생명을 부지하고 있는 것입니다. 잘 생각하면 처형은 납득할 수 없습니다. 만일 그렇게 하신다면 대왕의 평판에 누를 끼칠 따름입니다.」

그래도 영왕은 듣지 않고, 경봉에게 커다란 도끼를 지고, 제후들의 진영을 돌게 하여 병사들에게 이렇게 부르도록 했다.

「제의 경봉이라는 놈은, 주군 장공을 죽였을 뿐 아니라, 보위에 오른 어린 경공(景公)을 잘 보살피지 아니하고, 대부들과 모여 제의 국정을 혼란스럽게 만든 놈이다. 세상 사람들은 이놈에게 배울 것이 하나도 없다!」

그러자, 질세라 더 큰 소리로 경봉이 절규했다.

「초 공왕의 첩의 아들 위(圍 : 영왕)는, 자기의 주군인,

형 강왕(康王) 겹오(郟敖)를 병실에서 교살하였을 뿐 아
니라 그의 아이들을 모조리 죽이고, 초 왕가를 다스리던
버릇으로, 제후들의 입을 막으려고 동맹을 맺고 있는 것
이다. 세상 사람들은 이 포악한 자를 따라서는 안 된다.」
　영왕이 즉위할 때, 무언가 피비린내가 난다고 사람들
은 의심했었는데, 이로써 분명히 알려지자 모두 웃었다.
「군인들 모두 웃었다.」
라고 〈춘추곡량전(春秋穀梁傳)〉에 있다. 군사들이 하얀
이를 다 드러내고, 파안대소를 했던 것이다. 오거의 말
은 적중했다.
　영왕이 크게 노해, 그 자리에서 경봉을 끌어내려 머리
를 친 것은 말할 나위없다.
　보호하고 있던 경봉이, 사이가 나쁜 초에서 죽음을 당
하자, 오왕 여제는 격노했다.
「경봉은 갈 곳이 없어 나를 찾아와, 몸을 의탁했던 것
이다. 나는 그를 보호하고 도와 주었다. 그런데, 초왕이
이렇게 나를 정면에서 공격했다. 좋다, 없애 주마!」
하고 군사를 이끌고 초를 침입하여 두 마을을 점령했다.
　그러자, 이듬해, 초에서 군사를 끌고 나와, 국경 건계
(乾谿:안휘성)까지 침략했다.
　오는 곧 반격하여 대승리를 거두었다.

이듬해, 오왕 여제가 죽자, 여매(餘昧)가 즉위했다. 손무가 제에서 오로 이주해 온 것은 여매가 즉위 5년째의 일이다.

그로부터 5년 후, 여매가 죽자, 아들 요(僚)가 오왕이 되었다.

손무가 연구하는 것이 바로 이 양국의 전투였다.

낡은 병법(兵法), 새 병법

또다시 오와 초 사이에 전쟁이 시작된 것은, 오왕 요 (僚) 즉위 2년째이지만, 이 소설의 시대로 보면 3년 전의 일이다.

요는 3대 전 왕인 제번(諸樊)의 아들 공자 광(公子光) 을 사령관으로 임명해 오의 수도를 출발시켰다. 공자 광 이 많은 군함을 이끌고 양자강을 거슬러 올라 천문산(天 門山)에 이르자, 초군이 함선을 타고 물줄기를 따라 내 려왔다. 양국의 함대는 상대방을 발견하자 서로 일단 멈 추었다.

이 지역은 당시 장안(長岸)이라 불리우는 곳으로 초나 라 땅이었다. 오가 오랜 세월 초를 침략했다 해도, 지금의 안휘성 동북부에서 북부 쪽이기 때문에 중부 이남을 침략할 수는 없었다.

　오와 초의 함대는 모두 배에 깃발을 세우고, 어느 쪽이 먼저랄 것도 없이, 전투 태세로 적당히 거리를 띠우고, 상대방의 허를 노리고 있었다.

　오군은 적극적으로 침입해 왔으므로, 큰 싸움을 할 기세였으나, 초군은 수비를 굳게하고, 허점을 보이지 않으려 했다.

　초군은 또한, 총사령관인 자하(子瑕)가 주역을 펴 놓고, 싸움의 길흉을 점쳐보고 있다. 이 시대는 전쟁뿐 아니라, 무언가 할때 우선 점을 치는 관습이 있었다.

　주역에서는 불길하다고 나왔다.

　자하는 점점 소극적이 되어, 점괘가 나쁘니 수비를 더욱 강화하고, 결코 싸움에 응해서는 안 된다고 전군에게 명했다.

　사령관 부하인 자어(子魚)는 용감한 사람으로 이 명령이 못마땅했다. 작은 뗏목을 띄워 자하의 배로 숨어 들어가 말했다.

　「아군은 강 상류에 있습니다. 물결 따라 돌진하면, 적을 충분히 무찌를 수 있습니다. 전혀 불리하지 않습니다. 사령관께서는 무엇으로 점치셨습니까?」

「주역의 서로 보았다.」
라고 자하가 대답했다.

「서라니요. 우리 초국의 고래 관례는 전쟁점은 거북점입니다. 제가 거북점을 치겠습니다.」

관습이 자어의 말대로였으므로, 자하는 자어에게 일을 맡겼다.

거북점이란 거북의 갑나(甲羅)를 불에 태워 나타나는 잔금으로 길흉을 판단하는 점이다.

자어는 먼저 상제(上帝)에게,

「싸움에 임하면, 저는 군대를 이끌고 적군에 돌진하여, 목숨바쳐 싸울 것입니다. 적군을 무찌르기 위해, 아군이 일제히 돌격하면 대승리를 얻을 수 있겠습니까? 상제님께 바라건대 분명히 가르쳐 주십시오.」
라고 기원하고, 갑(甲)을 태웠다.

이윽고, 잔금이 나타났고, 길조였다.

「길조입니다. 그리고, 저는 전사합니다. 뒷일 부탁드립니다.」

자어는 의연하게 자하에게 말하고, 자기 배로 돌아가, 배의 선두에 서서 오의 진영으로 돌진했다.

자어는 전사할 각오가 되어 있었다. 가장 용감하게 싸웠고, 결국 전사했지만, 오의 함대는 무너졌다. 자하 사령관은 여기에 가세하여 전함대를 이끌고 돌격했다. 오의 대함대는 부서졌고, 군사들은 도망치기에 바빴다.

오의 함대 중에「여황(餘皇)」이라 이름 붙은 함대가 있었다. 이름만으로도 뱃머리의 봉황 머리 장식이 세워있음을 알 수 있다. 이 배는 수대 전, 오의 왕이 만든 것으로, 오가 자랑하는 배였지만, 이것도 결국 초에 의해 무너지고 말았다.

초의 대승리, 오의 대패배였다.

오군은 겨우 강하류로 밀려나, 진영을 재정비 했지만, 큰 패전으로 의기소침해져, 아무래도 반격할 수 없었다.

한편, 초군은 승리의 분위기가 고조되어 갈 때, 후속부대가 도착했고, 또한 수(隨)의 군대가 원조하러 왔다. 수는 지금 호북성 동북부의 수주 근처에 있던 나라로 초의 속국이었다.

자하는 후속부대와 수군에게 여황을 관리하도록 명령했다.

군인들은 명령대로, 오군의 반격에 조심하며 여황을 모래밭으로 끌어내기 위해 물 속에 잠긴 여황이 뜰 수 있을 때까지 주위를 팠으며, 이 공사 중에 생긴 작은 길은 목탄으로 메꾸었다고 〈좌씨전〉에는 쓰여 있지만, 줄여 보면 강가 모래밭에서 구덩이를 파 여황을 꺼내고,

그 자리에 목탄을 묻었을 것이다. 이것은 오군이 가져가지 못하게 하기 위함이며, 싸움에 이긴 초가 배를 가져가기 편하게 하기 위한 것이다.

여황의 관리를 맡은 군대는, 여황 주위 강가에 진을 치고, 엄중히 지켰다.

오군 사령관 광(光)은 패전, 게다가 여황을 적에게 빼앗긴 것에 대해 면목이 없었다. 단순히 송구스러울 뿐 아니라 왕에게 책임을 추궁당해 처형당할지도 모르는 일이다. 매일 밤 괴로워하며 궁리한 끝에, 묘안이 떠올라, 여러 장군을 모아 놓고 말했다.

「싸움에 지고, 또 선조 대대로 물려받은 여황을 적에게 빼앗긴 것이 나의 책임인 것은 물론이지만, 제군들 또한 책임을 면할 수는 없다. 왕은 우리 모두를 처형시킬 것이다. 목숨을 걸고, 여황을 찾아와 목숨을 구하지 않겠는가?」

사람들은 동의했다.

여기서 광이 생각해 낸 계략의 실행이 시작된다.

군사들 중에서 머리를 길게 늘어뜨린 세 명을 선발하여,

「세 사람은 밤이되면 여황 근처에 진을 치고 있는 초군 진영으로 숨어 드시오. 그리고 내가 〈여황〉하고 소리치

면, 대답하시오.」
라고 명했다.

　머리가 긴 사람을 선발한 이유는, 오나라 풍속은 중국
의 일반 풍속과 달라서, 남자는 머리를 짧게 잘랐기 때
문에 일반 병사라면 쉽게 발각당할 것이기 때문이다.「단
발문신(斷髮文身)」이라는 것이, 주나라 창업 때 오나라
사람들의 풍속이었다고,〈사기〉오태백세가(史記吳太伯
世家)에 있다. 그 때부터 이 시대까지는 6백 년이나 흘렀
기 때문에 문신 관습은 대부분 없어졌지만, 단발은 아직
도 강하게 남아 있었던 것이다. 그래도 군인 중에 머리
가 긴자가 있었기 때문에 다른 나라의 장발 관습과 비슷
해 보였던 것이다.

　이리하여 초군 진영에 세 사람을 잠입시켜두고, 밤이
깊어지자　광은 군사를 이끌고 초군 진영으로 가, 높은
목소리로,

「여황!」
하고 불렀다.

　세 사람은 동시에,

「응!」
하고 대답했다.

　세 번이나 부르고 대답했다.

　초군은 아군 진영에 적군이 숨어든 것을 알고, 놀라 색출하기 시작했다.

　이 혼란한 틈을 타, 광은 〈진격!〉하고 명령하여 단번에 무너뜨렸다. 초군은 다시 일어설 틈도 없이 모두 무너졌다.

　광은 추격하여 모두 무찌르고, 목탄을 치우고 여황을 찾아 본국으로 돌아갔다.

　손무는 오·초 양 국경지대 전쟁터를 답사하고, 그 곳에서 행해졌던 전쟁을 연구하던 중에서 가장 흥미를 느낀 것은 장안(長岸) 싸움이고, 전쟁이 시작되기 전, 초의 장군들이 서와 거북으로 점친것에 가장 흥미를 가졌다.

　그가 연구하고 있는 고래의 전사(戰史)를 보면 큰 싸움이 일어나기 전에는 자주 점을 쳤다.

　백 년 전의 일이다. 주의 양왕(襄王)이 동생인 왕자 대(帶)에게 황후와 간통당해, 도시에서 추방당했을 때, 진(晉)문공(文公)은 근왕(勤王)에게 뜻을 밝히고, 대를 무찔러 왕을 수도로 다시 모시려고 계획했다. 문공은 일을 착수하기 전에 거북점과 서로 점쳐보았다. 거북점은 길조였지만, 염려되어 서로 점쳐보자 대유가 규(睽)로 변한다고 나왔다. 이 변화는 길조를 나타내는 것이다.

「공(公)이 천자의 초대를 받는다. 소인(小人)은 해당되
지 않는다.」
라고 점괘가 나왔다. 신분이 낮은 자에게는 가치 없는 점
괘였지만, 제후 신분에 있는 자는 싸워 이겨 천자에게
포상받는다는 뜻이다. 거북점이나 서 모두 길조이므로
문공은 대승리를 확신하고 결심했다. 출병하여 대 왕자
를 죽이고, 양왕을 모시고 돌아왔다.

그 후 2·3년, 진과 초가 성복(城濮:지금의 하북성)에
서 싸웠을 때, 진의 문공은 초군의 대부대를 보고 두려
워졌다. 싸워야할지, 말아야 할지, 알 수 없었다. 이렇게
결정을 내리지 못하고 있는데, 아이들이 노래 부르는 것
이 들려왔다.

여름도 다가오고
날씨도 좋으니,
밭갈고 논갈아
열심히 일하세, 어이어이
작년에 뿌린 씨앗 거두고,
올해도 씨뿌려
열심히 일하세, 어이어이.

　노래로 세상일을 점치는 것이, 원래 고대 국가에서 행해진 것인데, 진에서 지금 노래점을 쳐보려는 것이다. 작년의 씨앗은 종전의 나라로 무너지게 되고, 새 나라가 일어선다는 것인데, 이 종전 나라가 초를 가리키는지 자기 나라를 가르키는지는 알 수가 없었다. 주왕조를 중심으로 보면 자기 나라가 망하게 된다. 진은 주 무왕(武王)의 아들 당숙우(唐叔虞)에게 봉받은 나라였다. 그러나, 진의 국력은 문공으로 인해 강해졌을 뿐으로, 예부터 강대국인 초와는 비교도 안 됐다.

　결정을 내리지 못하고 고민하다가 문공은 꿈을 꾸었다. 덮쳐오는 초왕에게 항복하는 꿈으로 흉몽이었다. 이 꿈으로 싸워서는 안 되겠다고 결심했다. 신하 자범(子犯)에게 꿈 얘기를 했더니 자범은,

「가장 좋은 길몽입니다. 하늘을 향해 누웠으니 하늘을 얻을 형상이며, 초왕은 땅을 향하고 있으니, 죄를 지을 상입니다. 초군은 점점 약해져 아군이 대승리를 하고, 초가 패배함을 암시하는 길몽입니다.」
라고 해몽했다.

　문공도 이 말을 듣고 기분을 고쳐 싸움에 임한 결과 진군은 대승리를 얻었다.

　34년 후, 진과 초는 또 필(邲)에서 싸웠다. 진군의 지장

자(知莊子)는 전쟁에 임하기 전, 서로 점쳐보니 사(師)가 임(臨)으로 변하는 점괘가 나왔다.

「군대가 출전하면 진을 쳐야 합니다. 그렇지 않으면 포위당해 패합니다.」

지장자는 아군이 명령을 기다리지 않고 마음대로 싸움을 걸고 있는 것에 비추어 볼 때,

「반드시 패합니다.」

라고 판단했다. 그 결과 대 패배였다.

또한, 20수 년 후, 진과 초는 언릉(鄢陵)에서 싸웠다. 진군의 여러 장수들은 초의 군대를 두려워해 마음 약한 소리를 하는 자가 늘어갔다. 진후는 서로 점쳐보니, 복(復)의 불변괘(不變卦)를 얻어 담당자에게 해독시켰다. 이렇게 해석하고 있다.

「이 괘는 순음(純陰)괘인 곤(坤)의 세력이 성해져, 아래로부터 양(陽)이 생겨나는 현상을 나타내는 괘입니다. 곤의 방향은 서남(西南) 주변입니다. 제가 진 도읍을 중심으로 보니, 초의 도읍 영은 서남지방입니다. 결국, 초의 힘이 약해짐을 나타냅니다. 싸우면 아군이 반드시 승리하게 될 것입니다. 또, 곤은 달의 형상으로, 이것이 둘이 합쳐 공괘를 이루고 있는데, 이것은 눈이 둘인 형상입니다. 그 중 하나가 무너져, 진(震)이 되어 있으므로,

초왕은 한쪽 눈을 잃게 될 것입니다.」

진후는 용기를 얻어 싸움에 임한 결과, 대승리를 얻었고, 초왕은 화살을 맞아 눈을 하나 잃고 말았다. 그리고, 사령관 자반은 패전의 책임을 지고 자살했다. 싸움은 대개 이러했다.

그밖에도 손무는 많은 실례를 생각해냈다.

그는 싸움에 임하기 전에 점치는 것을 이해할 수 없었다. 이 점들은 실제로 잘 적중하고 있지만, 적중한 경우만이 전해질 뿐, 적중하지 않을 때는 기록에도 남기지 않고, 사람들의 기억 속에서도 잊혀졌을 것으로 의심된다. 설령, 모두 적중했다 해도 승패가 미리 정해져 있는 것이라면, 인간은 정해진 운명에 따라 살아갈 수밖에 없는 것이다. 결국 인간이란 그런 것인가?

싸움에 임하기 전에는 일상 생활이 모두 긴장되는 것은 당연하다.

(백전백승 하는 것만이 최상이라고는 말할 수 없다. 싸우지 않고 적을 굴복시키는 것이 훌륭한 것이다. 그러기 위해서는 일상적인 것이 매우 중요하다. 훌륭한 정치를 하여 백성을 다스리며, 상벌을 엄정히 하여 관리들을 존경하며, 나라가 풍요하여 이웃 나라들과도 예절과 위엄을 조화있게 행하여 열국들로부터 숭앙받고, 군사 훈련

은 엄격하지만 사랑이 넘친다면, 군사들은 규칙을 잘 지킬 것이며, 전쟁터에서도 용감하게 분투할 것이다. 이 세상에 이런 나라가 있다면, 그 나라는 싸우지 않고도 열국들을 굴복시킬 수 있을 것이다. 이런 나라가 되려면, 군주되는 사람은 부단히 노력해야만 한다. 이것이 가장 중요한 것이다. 그러나….)

라고 말하며 잠시 생각한 후 계속했다.

(싸움에서 승리할 수 있는 방법이 이 것 뿐이라면, 전술(戰術)이라는 것은 유술(儒術)과 같게 된다. 전술에는 예를들면, 진치는 법, 상대편의 반응에 따른 책략이 있다. 점이 길조를 나타내 싸움에서도 이길 수 있었던 예를 자세(子細)에서 찾아보면, 특별히 상대편 나라보다 선정을 펴고 있는 것도 아니고, 관리들이 모두 훌륭한 것도 아니며, 외교적으로 능하지도 않았다. 또한, 병사들의 소질이 결코 우세했던 것도 아니다. 이러한 사례가 적지 않게 많이 있다. 그렇다면 점이란 쌍방의 심리상태를 토대로 나타난다고 볼 수 있다. 점이란 변덕스런 상제에 의해 만들어진 인간의 운명을 나타내는 것이라 할 수 있을까? 상제가 변덕스러울 리는 물론 없다. 그런 상제는 존재의 가치도 없어지기 때문이다.)

손무는 잠시 말을 끊고 나서, 결론을 내렸다.

(싸움에서의 점은 운명을 예고하는 것은 아니다. 길조라면 아군의 승리를 의심하지 않는 심리가, 군사들의 사기를 높여주어, 적의 움직임을 저지하기 때문에 승리할 수 있게 되는 것이다. 어느 정도 운명이라는 것도 있을 것이다. 인간의 힘으로는 어찌 할 수 없다는 의미로, 그러한 하늘과 관계되는 것으로는 계절의 변화, 날씨, 기온, 낮과 밤, 시간에 관한 것과, 땅에 관계되는 것은 길이, 넓이, 준험함 등이다. 이러한 것들은 인력으로 도저히 어찌할 수 없지만, 불편한 것을 편히 하기 위해 오히려 이용할 수도 있는 것이다. 전술이란 인간의 힘으로 싸워 이기는 방법으로, 그것은 충분히 가능한 일이다. 내가 추구하고 있는 것이 바로 이것이다.)

손무가 내린 결론은 현대 전술을 논하는 사람에게는 상식적인 것이지만, 당시로서는 가장 첨단적이고도 획기적인 것이었다. 숙명적이고도 종교적인 면이 포함되어 있지만, 이 결론에서 전술이란 인간의 노력을 가장 강조하고 있는 것이다.

그의 말이 얼마나 시대를 초월한 훌륭한 말이었는가를 천 수백 년 후의 학자들에 의해 입증되고 있다.

자서(子胥)의 행방

전적 답사에서 돌아온 1개월 후의 일이다. 손무는 장난 꾸러기 동자를 데리고 오의 도읍으로 갔다. 당나귀를 타고 배꽃이 하얗게 핀 논길을 헤쳐갔다.

아침 일찍, 아직 해도 나오지 않아 쌀쌀할 때, 손가둔(孫家屯)을 나왔기 때문에, 오전 중에 이미 오의 도읍에 도착했다. 오의 도읍은 지금의 소주(蘇州) 주변이다.

때때로 도읍에 나와 하룻밤 묵기도 하고 말을 맡기기도 하는 집이 성밖에 있다. 그 곳에 도착하자 주인이 나왔다.

「어서 오십시오. 매우 오래간만입니다. 어떻게 지내셨습니까?」

「집에만 계속 있었네. 더워서 아무데도 갈 수가 없어서.」

라고 대답하자 소년이 곁에서 말했다.

「스승님 건계(乾谿)에서 장안(長岸)으로 가셨지 않습니까?」

장난스런 어투였다.

손무도 웃었다.

「그건 한달 전의 일이 아니더냐?」

「그래도 이전에 여기 오고나서 가셨습니다요. 아저씨 말씀은 이전에 여기온 후를 묻는 것이어요. 거짓 대답하면 안 됩니다.」

그리고는 토라져서 입을 내밀었다.

「그래, 네 말이 옳다. 내가 잘못했다.」

손무는 부드럽게 달래고, 주인에게 한달 정도 전에, 며칠 간 오와 초의 국경지방을 여행했다고 말했다.

「아, 그렇습니까?」

주인은 별로 흥미가 없는 듯했다. 데리고 다니는 동자에게 조차 이렇게 솔직히 대하는 사람은 또 없을 것이라고 생각하면서 주문을 물었다.

「식사시간이니 식사를 해야지. 무언가 맛있는 것을 만들어 주시오. 술도 조금 가져오고 오늘 밤은 예서 묵어야 할테니 자리도 둘 부탁하오. 나귀는 마굿간에 넣고, 먹이를 좀 주시오.」

「예, 예.」

잠시 후, 동자는 밖으로 뛰어나가고, 손무는 어둑어둑한 식당에서 꾸벅꾸벅 졸고 있었다.

「여보세요, 자리를 마련했습니다.」

라는 소리를 듣고, 몽롱한 눈으로 주인을 바라보니,

「여기는 너무 덥습니다. 뜰에 자리가 있습니다.」

라고 말했다.

인사를 하고 뜰로 나가보니, 뜰 한쪽 구석에 커다란 회화 나무가 가지를 펴고 있고, 그 아래 탁자와 의자가 있고, 음식이 차려져 있었다. 시원한 나무 그늘이지만, 뒷간이 가까워, 음식에 파리가 몰려들었다. 그러나, 중국인에게 파리 정도는 아무렇지도 않게 느껴진다. 최근 중국에서 파리를 싫어하는 것은 외국인에 대한 형식적인 겉치레이지. 원래 관습은 아니다. 중국 전통적 위생학에서는, 파리도 모이지 않는 음식은, 어느 정도 독이 들어 있음에 틀림없다는 것이다.

「아이는 어디 갔는가?」

손무는 파리를 손으로 쫓으며, 잔에 술을 딸고 말했다.

「불러 오지요, 저기서 놀고 있습니다.」

라고 말하며 주인이 찾아나서려 하자, 뒷간 옆에서 소년
이 뛰어나왔다.

「오, 어서 오너라, 지금 막 찾아나서려던 참이다.」

손무가 말하고 있는 사이에, 동자는 젓가락을 들고 먹
기 시작했다. 땀이 젖어 혈색좋은 얼굴로, 왕성하게 먹
고 있다. 손무는 부드럽게 미소띠우며, 보고 있다가 잔
을 들어 한잔 마셨다. 음식을 맛있게 먹으며 주인에게
말했다.

「오랜만에 자네와 함께 마시고 싶군. 잔을 하나 더 가
져오시오.」

「그렇습니까? 그러면 그리 하지요.」

식용유라도 바른 듯이 빤질한 볼과, 둥근 코와 얼굴,
아랫배가 볼록 나온 주인은, 조리실로 들어가, 잔과 안
주를 새로 가지고 왔다.

「자아, 마시게.」

손무는 주인 잔에 술을 가득히 따랐다.

이런 경우는, 건배를 하고, 술을 단숨에 한 잔 다 마시
는 것이 이들의 관습이었다. 그 건배를 몇 번이나 하고,
술기운이 얼큰하게 달아오를 때, 손무가 말했다.

「요즈음, 도읍에서 무언가 신기한 이야기가 없는가?」

「있지요. 왕궁 동쪽 큰길에서, 커다란 뱀이 나왔지요.

이만큼이나 똘똘 말고 왕궁 쪽을 노려보며 혀를 낼름 거리고 있지요. 무언가 이유가 있어 보여, 모두 모여 지켜보고 있는데, 왕궁에서 곧 사람이 나와 어찌 될 줄 모릅니다.」

「그래….」

「궁녀가 나왔습니다. 아주 예쁜 궁녀지요.」

「흠….」

식사에만 몰두하고 있던 소년이,

「제가 그것을 듣고 왔습니다. 그 뱀이 신들린 것입니다. 뱀이 슬슬 기면서, 때때로 머리를 들어, 이리오라고 고개짓 하자, 궁녀는 반가운 얼굴로, 예쁘게 입을 다물고, 따라가는 것입니다. 그것을 지켜보고 있던 백정이 미리 준비한 몽둥이로 뱀을 쳐서 죽이자, 궁녀가 비명을 지르며 기절했습니다. 아무래도 이상한 일입니다.」

「그렇습니다. 큰 소동이 되어 모두 우왕좌왕 떠들고 있을 때, 어전에서 관리가 나와 궁녀를 데려 갔습니다.」
라고 주인이 말하자 소년은,

「저도 거기까지 모두 들었습니다.」
라고 의기양양해서 말하며 계란을 입에 넣었다.

재미있는 이야기이긴 하지만 손무가 기대하는 것은 이것이 아니었다. 손무는 예의 바르게 주인 잔에 술을 게

속 따르며,

「가끔 도읍에 나오니, 재미있는 이야기를 많이 듣습니다. 그 외에 무언가, 예를 들면, 새로 외국에서 온 위대한 인물을 소개 한다든지.」

손무의 가슴에는 초에서 망명한 오자서(伍子胥)가 있었다. 오자서가 반드시 이 나라로 왔음에 틀림없다고 추측한 그는 그것이 적중했는지 어떤지가 궁금했다. 오자서가 오왕을 찾아 온다면, 오·초간에는 막연히 걸려있는 전운(戰雲)에 또다시 도화선이 될 것이 예상되어 또 한층 마음에 걸리는 것이다.

주인은 조금 고개를 갸우뚱 하더니,

「시시한 이야기는 듣지 않습니다만….」

하고 말하더니, 다시 술을 한잔 따라 주자,

「아, 그래요. 요즈음 시장 관리 중에 인상이 훌륭한 사람이 있다고 합니다. 뭐라더라 공자(公子)인 광(光) 전하가 대왕님께 말씀드려서 보냈다는 것입니다. 도둑과 악인을 잡으려고 왔다고도 하고, 영걸을 구하고 있다고도 합니다만.」

라고 말했다.

「그래서, 무언가 효과가 있다던가.」

「전혀 듣지 못했습니다. 사람을 구했는지….」

「그러나, 그런 일은 신이 알아서 하시는 일이니 어찌할 수도 없지요.」

손무는 술을 전부 주인에게 따라 주고 식사하기 시작했다. 골똘히 생각에 빠지는 모습이다. 훌륭한 인물을 시장관리로 임명한 것은 무엇을 의미하는 것일까? 단순한 치안 유지인가, 준걸을 구하기 위함인가, 특별한 인물, 오자서의 초국 망명은 이미 오왕에게 알려졌을 테니, 그 오자서를 찾아내기 위함인가, 잘은 모르겠지만, 이 일이 공자광(公子光)의 제의로 행해지는 것이라는 생각이 들었다.

광이 대단한 인물인 것은, 재작년 장안에서의 초와의 패전의 수치를 설욕하기 위해, 여황을 잡을 계획을 세우고 있기 때문이다.

그러나, 광이 이런 일을 오왕에게 진언하는 이유는 무언가 이면에 깊은 복선이 깔려 있는 듯하다. 왠지 그런 생각이 든다.

(오의 왕실 내부도 대단히 복잡하구나. 이것은 천천히 침착하게 잘 생각할 필요가 있다.)
라고 생각했다.

(그렇다해도 오자서는 대체 어디로 갔는가. 이 나라로 오긴 왔을 텐데….)

오지 않았다고는 생각되지 않는다. 두뇌의 명석함을 자랑하는 손무에게는 이것은 잡념에 불과했다. 마음이 해이해져서는 안 되겠다고 생각하며, 맛도 없이 꾸역꾸역 먹고 있었다.

이야기는 오자서로 바뀐다.

오자서는 초를 떠나, 오에 정착할 생각이 아니었다. 송(宋:지금의 하남 지방)으로 결정했다. 초의 국경 상부에서 떠나온 태자 건(建)이 몸을 의탁한 곳이기 때문에, 그를 따라 온 것이다. 자서는 본래 초나라 대부의 집에서 태어났지만 망명하여 하나의 떠돌이에 지나지 않는 자기가 혼자서 노력하는 것보다는, 일국의 공자로서 태자로도 책봉된 바 있는 건을 도와 복수를 하는 것이, 제후들의 힘을 빌리기도 편할 것이라 생각했기 때문이다.

역사는, 오자서가 송으로 가는 도중, 외국의 사신으로 갔다가 돌아오는 초나라 사람 신포서(申包胥)를 만났다고 전하고 있다. 신포서는 현명하고 충성스런 사람으로 전부터 오자서와는 친한 사이였다.

「웬일이십니까? 혼자서, 혈색도 좋지 않아 보이니….」
라고 신포서는 놀라 물었다.

자서는 사건 경위를 말하고 나서, 이렇게 말했다.

「그래서 아버지와 형이 초왕에게 죽음 당한 것은 바로 저 때문입니다. 한 사람의 자식으로, 또 동생으로 제가 어찌하면 좋겠습니까?」

신포서는 의연하게,

「그렇습니까? 그렇다면 아들로, 동생으로 길은 이미 정해진 것입니다. 이렇게 되면 초에 복수하는 길밖에 없지만, 그렇게 말하면 저는 왕에 대한 불충이 됩니다. 그러면서도, 복수할 수밖에 없다고 말하는 것은 당신과의 우정이 깊기 때문입니다. 하니, 우리는 여기서 헤어집시다.」

라고 말하며 눈물을 흘렸다.

자서도 의연히 말했다.

「저는 인간이 부모의 원수를 갚지 못하면 하늘을 우러러 볼 수 없고, 땅을 밟을 수 없다 (이 세상에서 살 수 없다)고 알고 있습니다. 또한, 형제의 원수와는 한나라에서 같이 살 수 없고, 친구의 원수와는 같은 동네에서 살 수 없다고 알고 있습니다. 저는 반드시 초를 멸망시켜 부모의 원수를 갚을 것입니다.」

그러자, 신포서도 분명히 말했다.

「만일 당신이 초나라를 멸망시킨다면, 저는 초나라를 지키겠습니다. 만일 당신이 초나라를 위험에 빠뜨린다면, 저는 초를 구하겠습니다.」

「좋도록 하십시오. 솜씨를 한번 겨루어 봅시다.」

「좋습니다. 실력을 충분히 발휘하십시오.」

두 사람은 헤어졌지만, 후에 오자서가 오나라 힘을 빌려 초를 멸망시킬 때, 신포서는 진의 힘을 빌려, 초나라를 회복시켰다.

오자서는 송으로 가, 태자 건을 만나, 서로의 이야기를 듣고 비분하여 앞으로의 일을 의논했다.

두 사람의 의논으로는, 송의 힘을 빌릴 계획이었지만, 송에 마침 내란이 일어나 힘이 되어 줄 형편이 못 됐다. 자서는 건과 함께 정으로 갔다. 정에서는 건에게 봉토까지는 줄 수 있지만, 본래 힘이 약한 나라다. 막강한 초를 상대로 싸워 건을 도울 만큼의 힘은 없었다.

건은 강대한 힘을 가진 진에게 부탁하자고 생각하고, 북쪽 진으로 갔다. 그 때 진후는 경공(頃公)이었다. 경공도 건에게 호의는 갖고 있었지만, 속으로는 다른 생각을 하고 있었다. 건에게 말하기를,

「듣자하니, 정나라는 여러분을 신뢰하여 호의를 베풀고 있다던데요.」

「그렇습니다. 간신 때문에 아버지에게 미움받고 갈 곳

없는 이 불운아를 동정해, 호의를 베풀어주고 있습니다
만, 아시는 바와 같이 약소국이기 때문에 제 목적한 바
에는 도움을 줄 수가 없습니다. 그래서, 군후의 도움을
받고자 이렇게 왔습니다.」
하고 건이 대답하자, 경공은 소리 낮춰 말했다.
「거기서 의논해 보았는데 들어 주지 않았습니까? 저는
정을 멸망시키려 하고 있습니다. 정은 작은 나라이면서
우리 진과 초나라 사이에 위치해 시세에 따라 때로는 진
에 속하고, 때로는 초에 속하기 때문에 참으로 곤란한
나랍니다. 정을 우리의 속국으로 만들 수 있으면, 우리
나라는 언제나 초보다 우위를 차지할 수 있을 겁니다.
참으로 기회가 좋습니다. 그렇게 되면 여러분을 초로 보
내 초의 왕위를 잇게 하는 것도 쉽게 됩니다. 이미 정을
멸망시킬 수 있는 이상, 정나라는 여러분께 맡기겠습니
다. 우리로서는 정이 우리나라의 속국으로 변함없이 우
리국력을 강대하게 만들 수 있으면, 그것으로 만족하기
때문에 영토에 대한 욕심은 없습니다.」
　쉽지 않은 의논이다. 건은 할 말을 잊었다.
　경공은 계속했다.
「여러분이 승낙한다면, 저는 병사를 정으로 보내겠습
니다. 그 때 여러분은 정의 도읍 안에서 우리를 도와주

면 됩니다. 큰일은 아닙니다. 여러분의 추종자를 시켜, 도읍에 불을 지르고 성문을 열게 하면 됩니다. 그것만으로 여러분은 정나라 주인이 될 수도 있고, 또 고국으로 돌아가 초왕이 될 수도 있는 것입니다. 어떻습니까?」

건은 본래 악한 인물이 아니었지만, 의지할 곳 없는 유랑자에게 이것은 대단한 유혹이었다. 거절한다면 생명에 위험이 있을지도 모를 일이다. 곧 승낙했다.

건은 정으로 돌아갔다. 정에서는 여전히 호의를 베풀어주었다.

전하는 바에 의하면, 여기서 둘로 나뉜다. 〈좌씨전(左氏傳)〉에는 건 스스로 정에게 받은 영토에서 백성들에게 포악한 짓을 하여 백성들이 건을 정부에 고발했다. 여러 가지 조사한 결과, 건이 진에서 받아온 비밀편지가 발견되었다. 그래서, 정부는 건을 잡아 처형시켰다는 것이다. 〈오월춘추(吳越春秋)〉에서는, 건이 자기의 추종자들을 절감하자, 그들이 원한을 품고, 이미 알고 있던 건과 진후와의 밀모를 정부에 고발했다고 한다.

어쨌든 건은 처형당했다.

오자서가 건의 이 밀모를 몰랐을 리가 없다. 〈오월춘추〉에서처럼 그의 추종자들이 알고 있는 사실을 오자서가 모를 리는 없다. 오자서는 목적을 위해서는 수단을 가리지 않는 강경한 성격이기 때문에, 충분히 알고 나서 계획을 추진시켰을 가능성이 충분하다.

그는, 일이 폭로되고 이런 결과가 나왔기 때문에 놀랐지만, 계산이 빠른 남자다. 재빨리 건의 아들 승(勝)을 데리고 정을 도망쳐 오로 향했다. 마차를 타고, 아직 어린 승을 데리고 동남쪽으로 질주해 갔다.

소관(昭關)에 도착했다. 여기는 지금의 안휘성 북방에 위치한 곳으로, 양자강의 천문산까지는 120리 정도 길이다. 이 시대에는 오와 초의 국경을 이루고 있는 관청이 있었던 곳이라 한다. 관청은 소현산(小峴山)이라는 산 계곡에 있었다한다. 정나라 국경에서 대단히 멀리 떨어진 곳이지만, 추격대가 쫓아오고 있다고 하기 때문에, 추격대는 초의 관리와 함께 추격해 올 것이다.

관청에는 수배령이 일찍부터 내려져 있었다.

「이 자야말로 수배령이 내린 자다! 잡아라!」

라고 관수가 소리치자, 관리들이 앞을 다투어 달려들었다.

자서는 묘안을 생각해 내고, 관수 곁으로 다가가 속삭였다.

「내가 정나라 추격대에게 쫓기고 있는 것은, 내가 진주를 가지고 있기 때문이다. 크기가 복숭아 정도만한 훌륭

한 진주다. 그런데, 그것을 지난 밤 여인숙에 두고 와 버
렸다. 되돌려 보내 준다면, 가져와서 그대에게 선사하리
다. 그대가 그것을 정나라 관리에게 보이거나 선물로 받
은 것이니까, 당신의 것이라 말해도 이의가 없게 됩니
다. 어떻습니까?」

　관수는 허락했다.

　자서는 관청에서 풀려 나와, 길을 동쪽으로 바꾸어 마
차를 달렸지만, 추격대가 쫓아오는 것 같아 마음이 놓이
지 않았다. 겨우 양자강 언덕에 이르렀으나 강을 건널
배가 없었다. 자서는 승을 안고 둑 위를 서성이고 있었
다.

인간의 의협심(義俠心)

오자서는 자꾸만 뒤를 돌아보며, 강을 건널 수 있는 뗏목이라도 구하려고 주위를 돌아다녔다. 어두워질 녘에 작은 섬에서 나온 조각배가 있더니, 유유히 노를 저어 강물을 거슬러 올라갔다. 이윽고 배가 접근해 오는 것을 보니, 커다란 갓 아래 얼굴에는 흰 수염이 있었다. 초라한 복장으로 보아 어부임에 틀림없을 것이다.

자서는 그를 불렀다.

「아저씨, 사공아저씨….」

어부는 소리를 듣고, 이 쪽을 향해 오고 있었다.

「아저씨, 저 쪽으로 건너고 싶은데, 건네 주시겠소!」

라고 자서는 소리쳤다.

어부는 노를 저어 왔다. 대답은 없었지만 이 쪽 부탁을 들어 줄 것 같았기 때문에, 자서는 기뻐서 인사를 하며 둑을 달려 내려갔다.

그러자, 지금까지 다가오던 배가, 웬일인지 급히 방향을 바꾸어 노를 저어 가기 시작했다.

「아저씨, 아저씨!」

당황해 소리쳤지만, 돌아보지도 않고, 쉰 목소리로 유유히 노래부르며 멀어져 갔다.

몸이야 달밤인데
어쩌리
갈대숲 사이에
완전히 숨어 버려
얼굴도 보이지 않는 것이
유감이구나.
어영차, 어영차.

되풀이 노래부르며 멀어져 갔다.

오자서는 그 매정함에 화가났다.

승은 당시 8살이었지만, 위험에 쫓기고 있는 정도는 알고 있었다. 무서움에 울지 않으려고 눈물을 참고 있었는데, 견딜 수 없게 되자 흐느껴 울기 시작했다.

「울고 있구나. 아무리 울고 싶어도 울어서는 안 된다.」

오자서는 꾸짖기도 하고, 달래기도 하며 울음을 그치게 했다. 그런데, 조금 떨어진 곳, 갈대숲 사이에서 낚시를 하고 있는 자가 있는 듯했다.

(이 자 때문에 어부가 간 것인가?)

라고 생각하고, 그래도 그것이 어떤 중요한 뜻을 암시하고 간 것이 아닌가, 라는 생각이 들었다. 나룻터도 아닌 이런 곳에서 강을 건너려는 당신은, 누군가에게 쫓기는 몸이겠지요. 제가 건네드리지요. 그런데 지금은 다른 사람의 눈이 있어 위험하니, 갈대숲 사이에 숨어 있으면, 다른 사람이 없어지면 건네 드리겠다는 뜻을 품고 있는 것이 아닌가, 하고 생각했다.

그러지 않고서는 달리 방법도 없었다.

오자서는 마차로 돌아와, 승을 달래며, 강 하류 쪽을 달려, 시간을 재어보고, 다시 돌아가 갈대숲 사이에 잠복했다.

이윽고, 해가 지고 어두워지자, 물 저편에서 쉰 목소리가 들려왔다.

밤이 되었는데

그 분이 보이질 않네
마음이 변했는가
애석하구나
바로 지금인데
그 분 모습이 왜 보이지 않는가
애닳구나
어찌해야 하나.

　바로 그 어부의 목소리다. 갈대숲 사이를 빠져나와 저녁놀에 비친 물 위를 보니, 작은 조각배 한 척이 다가오는 것이 보였다. 재빨리 모습을 드러내 배를 태워달라고 했다.
　자서는 승을 안고 갈대숲을 빠져나와, 배에 올라탔다. 어부는 한마디도 묻지 않고, 노를 저어 갈 뿐이었다. 큰 강을 건너 저 쪽 언덕으로 가고 있었다.
　강을 건너는 동안, 달이 동편에 나타나기 시작했다. 달빛에 비친 어부의 모습은 나이가 60을 넘어 보였지만, 노 젓는 팔은 힘에 넘쳤다. 넓은 강 중류에 급류가 있는 것도, 쉽게 헤쳐나가 언덕밑에 배를 멈추었다. 그러나, 여기도 아직은 초나라의 관할 지역이다.
　오자서는 인사를 하고 배에서 내려 허리에 찬 칼을 풀

어 어부에게 내밀었다.

「보시는 바와 같이 우리는 초나라 군사에게 추격 당하고 있는 몸입니다. 노인의 용기있는 도움으로 우리는 위기를 모면할 수 있었습니다. 답례를 하고 싶은데 가진 것이 없습니다. 이 검은 저희 아버님께서 선대 초왕에게 받은 것인데, 칼에 별처럼 빛나는 점 일곱 개가 북두칠성처럼 있기 때문에 칠성검(七星劍)이라 부르는 것입니다. 백금(百金)의 가치가 있다고 들었습니다. 이것을 드리겠습니다.」

노인은 웃으며 고개를 가로저었다.

「작년 봄, 도읍에서 소동이 있었습니다. 오자서라는 사람이 도읍을 떠나, 방랑자가 됐다는 것입니다. 그 때, 방이 붙기를 잡아오거나 목을 베어 오는 자에게는 천금(千金), 거처를 알려주는 자에게는 오백 금(五百金), 소식을 알려 주는 자에게는 상품을 주겠다는 것입니다. 당신이 오자서가 아니냐고 묻지 않았습니다만, 아무래도 틀림없다는 생각이 들었습니다. 백금 정도 검으로는, 작은 미끼에 불과합니다. 내가 당신을 돕는 것에는 아무런 사심도 없습니다.」

라고 말하고, 자서와 승을 응시하는 것이었다.

「당신, 배가 고파 보이는 군요. 잠시만 여기 나무그늘

밑에서 기다려 주십시오. 음식을 가져오겠습니다.」

　자서는 기쁘게 받아들여 감사를 하고, 보채는 승을 달래며 잠시 기다리고 있자니 문득 불안한 생각이 들었다. 오만 석의 조에 대부의 벼슬이라면 엄청난 일이다. 빨리 다른 곳으로 가야겠다고 생각했다. 나무 밑을 지나 언덕 갈대숲 깊은 곳에 숨기로 했다. 혹시 관리라도 데려 오면 이미 도망쳤다는 생각을 시키려고 한 것이다.

　곧, 어부가 왔지만, 자서의 모습이 보이지 않았기 때문에 어부는 또 노래를 불렀다.

　게야, 게야.
　어디에 있느냐?
　갈대 속에서 웅크리고
　눈동자만 빙글빙글
　돌리는 것은
　배가 고파서가 아니냐?
　나오너라 나와.
　먹이를 가져왔다.
　두 번이나 계속해 불렀다.

　자서는 갈대숲 사이로 어부의 모습을 잘 관찰해 보고, 수상한 자가 없는 것을 확인하고 승을 데리고 나왔다.

어부는 두 사람을 위해 나무 밑에 자리를 마련하고 음식을 펼치면서,

「당신은 숨어 계신 것 같은데, 그렇게까지 저를 의심하지 않으셔도 됩니다. 곧 알게 되시겠지만, 저는 그런 사람이 아닙니다.」

라고 말했다.

자서는 대답했다.

「노인의 깊은 마음은 잘 알겠습니다만, 그러나 인간의 운명은 본래 하늘이 정해준 것이고, 지금 우리의 운명은 노인의 손에 달려 있습니다. 의심을 하지 않는 것이 오히려 무리입니다.」

「그것은 그렇습니다. 당신이 좋은 말씀을 하셨습니다.」

라고 말했다.

자서는 인사를 하고 노인의 이름을 가르쳐 달라고 부탁했다.

어부는 웃었다.

「오늘은 좋지 않은 날입니다. 악당들을 이상한 곳에서 만났으니까. 당신은 초에 쫓기는 악당, 나는 그 악당을 도와 주는 악당. 서로 사는 곳도 모르고, 이름도 모르고,

이대로 헤어집시다. 그래도 알고 싶다면 당신은 방랑자, 나는 늙은 어부, 그 정도로 좋습니다. 서로 부귀를 얻고 나서도 사이좋게 지냅시다.」

「좋습니다.」

자서는 승을 업고 그 곳을 떠나갔다.

여기에 대해 〈오월춘추〉에 이렇게 나와 있다. 자서는 떠나가기 전에, 노인에게,

「이 소문이 퍼져서는 안 됩니다.」

라고 말했다. 이 비밀을 아무에게도 말하지 말라는 뜻이다.

「잘 알고 있습니다.」

자서는 몇 발자국 가다 뒤돌아보니, 어부는 배를 뒤집어 스스로 물 속으로 빠지는 것이다. 자서는 크게 감동하여 막연히 걸음을 옮길 뿐이었다.

춘추시대로부터 전국시대를 거쳐 진시대로 접어들 때까지, 중국 민간에서는 의협심이 극에 달해, 하나의 신의를 위해서는 죽음을 불사했으며, 세상에서는 그것을 현자로 숭앙했다는 사실이, 〈사기(史記)〉자객열전(刺客列傳)에 전하고 있다. 이 어부도 이러한 현자 중의 한 사람이었을 것이다. 현대 우리의 상식으로는 믿기 어려운 일이지만 시대의 흐름은 생각할 수 없을 만큼 다른 사람

을 고양시킬 수 있었다. 이 일을 생각해 보면 충분히 납득할 수 있다.

자서는 오와 초의 국경을 벗어나, 오의 도읍을 향해 여행하던 중, 병에 걸렸다. 무리한 여행을 했기 때문이다. 어린 승이 얼마나 불안해 했는지에 대해서는 기술되어 있는 바가 없다.

어느 정도 회복하자, 여행을 계속했지만, 병 중에 가지고 있던 것도 모두 팔게 되어, 걸식하면서 율양(溧陽)까지 겨우겨우 도착하게 되었다.

이 지명은 현재 강소성(江蘇省) 금릉도와 소상도와의 경계에 지금도 남아 있지만, 이 때 율양, 이 시대 자서가 겨우 도착한 율양은 여기가 아니다. 이 곳, 서에서 동으로 흐르고 있는 율수(溧水)의 북쪽 일대를 말한다.

배고픔을 참으며 겨우겨우 걸어 가자니, 한 여인이 율수 언덕에서 무명을 말리고 있었다. 물 속에서 무명을 꺼내, 평평한 돌위에 놓고, 몽둥이로 두들기고 있었다. 30전 후의 여인이었다. 여인의 곁에는 도시락이 놓여 있었다.

자서는 그 곁으로 다가가 정중히 말했다. 여인은 깜짝 놀라면서도 답례로 인사했다. 무슨 일이냐고 묻는 얼굴이다. 자서는 말했다.

「부인, 한끼만 주실 수 있겠습니까?」

여인은 대답했다.

「제 나이는 꼭 30입니다만, 노모와 둘이서 살고 있습니다. 아직 부인은 아닙니다. 모르는 남자와 이야기 하는 것도 예가 아닌데, 어찌 식사를 드릴 수 있겠습니까?」

「실례인줄 압니다만, 저희는 여행 중 병에 걸려 여비를 다 써버리고, 어려움을 겪고 있습니다. 그래서 저희에게 한끼 식사를 주는 것이 부인의 덕에 해가 되지 않을 것이라고 생각한 것입니다.」

여인은 자서와 승을 바라보았다. 자서의 용모를 보고, 훌륭한 사람일 거라고 생각하고, 또 배고파 구걸하는 모습을 가엽게 느껴졌다. 도시락 상자를 열고, 꿇어 앉아서 건네 주었다.

자서도 무릎을 꿇고 도시락을 받아 먹었지만, 젓가락은 사용치 않고, 승에게도 젓가락을 사용하지 못하게 했다.

「당신은 아주 먼 곳에서 오신 것 같군요. 염려 마시고 모두 드세요.」

라고 여인은 말했다.

자서는 인사하고 계속해서 먹었다.

인사를 하고 가려고 일어서자, 또 이렇게 말했다.

「그 병마개를 꼭 잠가 새어 나오지 않게 해 주세요.」

여인은 탄식하며 말을 계속했다.

「저는 30이 될 때까지 노모와 함께 살면서 정절을 지켜 왔습니다. 다른 집안과 인연을 맺을 생각도 물론 없었습니다. 오늘처음으로 남자와 이야기 했을 뿐 아니라, 식사까지 드렸습니다. 여자로서의 도리를 잃은 것입니다. 제가 무슨 말을 하겠습니까? 어서 가십시오.」

자서가 일어서 가다가 뒤돌아 보니, 여인이 스스로 물 속으로 뛰어드는 것이었다. 전의 늙은 어부와 같은 일을 한 것이다.

「아 - 정절을 지키는 정숙한 여장부였구나!」

라고 〈오월춘추〉에서 칭찬하고 있다.

이 사실을 믿을 수도 있고 믿지 않을 수도 있다. 믿으려는 사람에게는 충분히 믿을 만한 근거가 있고, 믿을 수 없는 자에게도 이유는 있다. 우리는 단지 자서가 여행 도중 병을 얻어 걸식하면서 어려운 여행을 한 사실을 알면 된다.

자서는 겨우겨우 오의 도읍에 도착했다. 지금 자기가 신분이 높은 마차와 추종자들을 데리고 왔다면, 직접 왕궁이나 중신의 처소로 가,

「초의 태자 건의 아들 승과, 초의 대부 오사의 아들 자서.」

라고 자기 이름을 밝히겠지만, 자신의 지금 처지로는 그럴 수가 없었다. 자서는 마치 미친 사람처럼 관(冠)도 쓰지 않고, 머리도 흐트러졌으며, 일부러 얼굴에 흙을 묻히고 시장으로 들어가 구걸했다. 체격이 대단히 크고, 때묻고, 무언가 알 수 없는 말을 중얼거리는 걸인이, 초의 망명자 오자서라는 사실을 아는 자는 없었겠지만, 공자 광의 진언으로 임명받은 훌륭한 시장 관리가 의심을 하게 되었다.

자세히 살펴보니, 참으로 훌륭한 인상이다. 탁월한 소질이 있는 사람이라고 판단했다.

그래서 오왕 요(僚)에게 보고했다.

「저는 관상학에 뜻을 두고 다년 간 많은 사람의 인상을 보았습니다만, 이렇게 훌륭한 상은 본 일이 없습니다. 외국에서 온 망명자라고 사려됩니다만, 훌륭한 인물임에는 틀림없습니다. 그 사람을 부르심이 어떻겠습니까?」

왕은 그 자를 데려오라고 했다.

「잘 알겠습니다.」

관리는 거기서 물러나와 공자 광의 거처로 들렀다. 광

의 진언으로 관리는 채용되었기 때문에 모든 것을 광에
게 알려야 할 것이라고 생각했던 것이다. 어쩌면 광에게
는 처음부터 이런 복안이 있었던 것인지도 모를 일이다.

「그래? 그래?」

하고 고개를 끄덕이며 듣고 있었다. 아무 말도 하지 않
았지만, 마음 속으로는,

(그 자는 초의 망명자 오자서 임에 틀림없다. 오자서는
용기있고 지혜로운 자로, 아버지와 형이 간신의 모략으
로 처참히 죽은 것에 원한을 품고, 그 복수를 하기 위해
초를 떠났다고 들었다. 나는, 만일 오자서가 우리 나라
로 온다면 그에게 호의를 베풀고 보호해 주어 후일에 그
를 기용하려는 것이다. 결국 오고야 말았구나!)

라고 생각했다.

관리는 오자서에게 왕의 뜻을 전했다.

「아, 그렇습니까? 그렇지 않을까 하고, 실은 저도 생각
하고 있었습니다만.」

관리는 크게 기뻐하여, 복장을 갈아 입히고, 왕궁으로
데려가 오왕에게 인사시켰다.

오왕 요는 오자서의 훌륭한 용모를 보고 매우 놀랐다.
얼굴 모습은 그다지 부드러워 보이진 않았다. 늠름하고
도 영웅적으로 보였다. 물론 수염도 기르고 있었다.

　오왕은 오자서에게 여러 가지에 대해 의견을 물었지만, 오자서의 대답은 폭이 넓고도 실로 탁월한 의견이었다. 시간이 가는 줄도 모르고, 먹지도 않고, 하루 종일 이야기를 나누었으며, 그 이튿날까지 3일이나 이야기를 계속했다.

　그리고 나서 왕은 겨우 자서를 돌려 보내고 나서 장탄식을 하며,

「이 시대에 다시없는 현인이구나!」

라고 말했다.

　이상은 〈오월춘추〉에 전하는 것이다. 〈사기〉열전에는, 공자 광의 소개로 오왕을 찾아갔다고 할 뿐이다. 그러나, 걸인의 몸으로 오자서가 공자 광에게 자신의 신분을 밝히고 찾아갔다고는 생각되지 않는다. 〈오월춘추〉그대로가 아니더라도 어느 정도 신빙성이 있다고 생각된다.

　왕은 오자서가 대단히 마음에 들어 매일 그를 궁으로 불러들였다.

　이 말을, 손무는 손가둔의 집에서 들었다.

　(아, 역시 오긴 왔구나! 내 판단대로구나!)

하고 대단히 만족했다. 생각해 보면, 처음 생각했던 때로부터 7개월도 지나지 않아서였다.

시장(市場)

손무는 오자서를 만나고 싶었으나 만날 기회가 없었다. 도읍으로 나가 그의 평판을 들어보았다. 체격이 웅대하며, 웅변가로 국왕이 대단히 마음에 들어 매일같이 그의 숙소로 사람을 보내 왕궁으로 그를 불러들이고 있다고 들었다.

「오후 3시경 8총가로 가면, 보통날은 오자서님이 초대되어 마차로 가는 것을 볼 수 있습니다.」

라고도 들었다.

그 시간이 되어 8총가로 가 보니, 오자서의 모습을 볼 수 있었다. 늠름한 준마가 끄는 아름다운 마차 위에서 오자서는 단정히 타고 있었다. 늠름한 체격과 혈색 좋은

얼굴, 위풍 당당한 행렬이 빛을 발하며 지나갔다. 길가
에 서서 호기심 어린 눈으로 바라보고 있는, 이 야위고
키만 큰 남자를 돌아보지도 않고 가 버렸다.

　(소문대로 훌륭한 풍채의 위풍 당당한 인물이구나!)

　마음 속에 두고 있던 인물을 한번 볼 수 있는 것만으로
도 만족했었다.

　성 밖 숙소로 돌아가면서 생각했다.

　(이미 이것으로 관리는 할 일을 다했다. 앞으로 이 일
이 어떻게 전개될까?)

　오자서가 오로 온다면 깊은 원한을 품고 있는 초와의
사이에 또 전쟁이 시작될 것은 이미 예견하고 있지만, 어
떤 이유로 어디서 시작될까는 대단히 흥미로웠다. 오자
서는 초에서는 아직 그다지 중요한 관직에는 있지 않았
고, 중신의 아들로, 그 현명함이 높은 남자이다. 실제로
보니 참으로 현명해 보였기 때문에, 초의 내정, 어디서
결점이 있고, 어디에 장점이 있는지도 잘 알고 있을 것
이다. 오로서는 참으로 훌륭한 아군을 얻게 되었으며,
그것만으로도 초군은 불리하게 되었다.

　(나도 급하게 됐지만, 방법이 없군!)
하고 중얼거렸다.

　이튿날, 손무는 손가둔으로 돌아갔고, 그로부터 한 달

정도 지나자, 새싹이 나오고 묘목을 심는 일로 손가둔 전체 가족은 대단히 바빠졌다. 모든 가족과 노예가 논으로 나가, 벼를 심고 논에 물을 대고, 땅을 고르는 일에 열중했다.

이렇게 바쁠 때는 아무리 손가의 어른이라해도 책상 앞에 앉아 있을 수 만은 없었다. 잘 알지도 못하면서 논을 둘러보고, 열심히 일하고 있는 사람에게 격려의 말을 하기도 하여 용기를 북돋아 주었다.

그의 아내도 거기 섞여 있었다. 손무의 첫 아내는 제 (齊) 나라 대부의 딸로, 그가 18세 때 시집왔지만, 시집 온 지 1년 만에 병사했다. 그 후 그의 본가 사람들이 난을 일으키고, 이 곳으로 이주해 오는 큰 사건이 일어나, 아내도 없이 몇 년간을 혼자 살았다. 그러나, 여러 가지로 불편한 점이 많아, 몇 년 전에 이 곳에서 재혼했다.

그 아내는 도읍에서 북으로 조금 떨어진 곳에 있는 부호의 딸이었다. 아름답지만 기질이 매우 강했다. 세상사는 잘 알고 있지만 학문에는 전혀 관심이 없었다. 학문의 의미 따위는 생각해 본 일도 없는 것 같다. 그래도, 손무가 이 연구가 완성되면 제후들에게 이용돼 크게 성공하게 될 것이라고 설명하면, 어느 정도는 크게 생각했는지도 모르지만, 손무에게는 애당초 관심이 없는 것이

었다. 후세에 누군가 자기의 연구를 배워, 제후에게 벼
슬을 받는 자가 나올 것이라는 생각은 했지만, 자기 자
신은 아니라고 생각했다. 단지 연구하는 자체가 좋아서
하는 것이었다. 따라서 설명도 필요없고, 마음에 둘 리
도 없었다.

「일손이 모자라서 고생하는데 뭐하는 거예요? 보통 때
라면 책을 읽거나 글을 써도 상관 없지만, 이렇게 바쁠
때는 돌아보고 일하는 사람들에게 격려라도 해 주세요.」

너무 바쁘기 때문에, 피곤해도 쉴 틈도 없이 하루 종일
일하는 것이다.

손무는 전쟁 연구는 좋아하지만, 자기의 주변은 언제
나 평화롭기를 바라고 있다. 때문에 광대한 영토를 포기
하고 이 나라로 이주해 와 살고 있는 것이다. 아내에게
꾸중하면, 아내가 히스테리를 일으켜, 자기의 마음이 혼
란스럽고 편하지 못한 것이 두려웠다. 그래서 아무리 연
구에 몰입하고 있을 때라도, 그 자리에서 그만두고, 논
이나 밭으로 나가 보았다.

(다소 불편하긴 해도, 재혼을 하지 말았어야 했다. 독
신자의 불편함은 마누라의 잔소리에 비하면, 아무것도
아니었다. 전처는 아직 어린 소녀의 나이로 죽었기 때문
에 훌륭했지만, 그도 나이를 먹어가면 잔소리가 심해지

겠지? 여기까지 미리 생각하지 못한 것은 내 불찰이다.)
라고 언제나 생각하고 있지만, 지금 아내에겐 전처처럼
좋은 느낌은 받지 못했다. 마음이 편하고 기분이 좋다가
도 마누라를 보면 금새 사라지고 마는 것이다.

　바쁜 계절도 지나갔다. 손가 소유의 광대한 논은 벼심
기가 완전히 끝났다. 들판의 녹색은 그림처럼 아름답다.
한여름이 오고, 장마철도 지나고, 산과 들은 녹색으로
짙어만 갔다.

　손무는 다시 도읍으로 나갔고, 거기서 뜻밖의 이야기
를 들었다. 오자서가 오왕에게 미움을 받고 있다는 것이
다. 이 사실을 알려 준 사람은 여관주인이었다.

　「어째서? 훌륭하신 왕의 마음에 꼭 들었다 하지 않았습
니까?」

　「자세히는 모르겠습니다만, 참으로 마음에 두고 계셔
서　재상자리라도 내리지 않을까? 사람들은 생각했습니
다만, 공자 광 전하가 왕에게 무언가 전하고 나서부터는
급속히 생각이 바뀌셨다고 합니다.」

　과연 그렇구나, 공자 광은 전왕의 아들로, 또한 지금
요왕의 조카로, 왕에게 가장 가까워, 유사시에는 대장군
으로 출진하고, 무사시에는 내정상의 중요한 일을 반드
시 결정하는 지위다. 오자서가 크게 왕의 마음에 들어,

사람들이 재상이라도 되지 않을까, 하고 생각하고 있기 때문에, 질투하여 모함한 것이라고 생각된다. 충분히 있을 수 있는 일이다.

(공자 광은 현명한 사람으로 소문이 나 있었다. 실제로 장안에서의 설욕전으로 그것을 충분히 입증시켰다. 또, 왕에게 진언하여 시장 관리로 훌륭한 관상가를 넣은 것은 왕을 위해, 재야에 있는 현자를 고르기 위함이었다. 그러나, 이러한 사람에게도 세상 사람들과 마찬가지로 질투심이 있어 지나치게 현명한 사람은 경원하는 것이었다. 관료라는 사람은 마치 계집애와 같다. 자기보다 잘난 사람에게는 결코 호의를 갖지 않는다.)
라고 생각했다.

「그래서 오자서님은 어디로 가게 됐습니까? 제나라로 갔습니까?」

이 시대, 초에 대해 힘을 견제하고 있던 나라는 진(晉)·오(吳)·제(齊) 밖에는 없었다. 이미 진에서는 실패했고, 오에서도 실패한 이상, 제로 밖에 갈 수 없었기 때문이다.

「아직은 이 나라에 계신 듯합니다. 숙소에서 쫓겨났다고 하는데, 가끔 성 안에서 볼 수 있는 것으로 보아, 아직은 도읍 안에 계시다고 생각됩니다. 뭐라더라? 초의 왕손이?」

「승(勝)입니까?」

「예, 예. 그 승입니다. 그 분이 있어서 생활이 어려울
것입니다.」

이것으로 주인의 말은 끝났다. 그 이상은 알 필요도 없
었다.

지금이라도 오와 초 사이에 전쟁이 일어날 것 같았었
는데, 이일로 지금 당장은 아닌 것 같아서 실망했다. 이
실망은 전쟁을 좋아해서 하는 것이 아니라, 자기의 추측
이 맞지 않는 것에 대한 실망이었다.

(공자 광의 질투심을 계산에 넣지 않았기 때문이다.
인간 세상은 이해 관계가 얽혀 있는 것이기 때문에, 그
관계는 대단히 복잡하다. 자세히 다시 한번 생각해 보자
면, 이런 판단이 내려진다. 어려운 일이지만 제일 먼저
대의를 세우고 세부를 나중에 생각하면 이것은 불가
능하다. 그러나, 처음부터 일관성있게 끝까지 해 나가
면, 어느 정도로는 알 수 있게 된다. 나도 더 많이 알아
야 겠구나!)

손무는 점심을 마치고 성 안으로 들어갔다. 함께 간 동
자는 어디론가 놀러가서 모습이 보이지 않았기 때문에
혼자서 갔다.

우선 8총가로 가 보았다. 저택이 많은 이 곳 길가에는 사람도 많지 않았고, 잠자리가 날아다니고 있었다. 길 위에 수양버들이 늘어져 있고, 짙은 신록은 강렬한 햇빛에 빛을 발하고 있었으며, 나뭇잎 사이에서는 매미가 울고 있었다. 잠시 후, 전날에 오자서의 마차를 본 그곳에 서게 되었다. 다시 볼 수 있으리라는 생각은 없었지만, 그렇게 해 보았다.

잠시 후, 시장 쪽으로 가 보았다. 보통 집이 가게가 되어 물건을 팔도록 된 것은, 매우 후세의 일이다. 이 시대에 있어서의 판매와 구입은 시장에서만 행해질 수 있었다. 각종 곡물, 고기, 생선, 야채, 건어물 등의 식료품류에서부터 면, 실의 섬유 제품, 피혁류, 신발, 칼, 농기구류, 금은이나 주옥을 사용한 악세사리류에 이르기까지 없는 것이 없을 만큼 다양했고, 대단히 많은 양이, 정신없이 진열되어 있었으며, 많은 사람이 오가며, 활기에 넘쳐 있었다.

이런 곳에 들어와도 아무것도 들리지 않겠지만, 훌륭한 관상가라는 그 시장관리를 만날 수 있다면 무언가 소식을 들을 수 있을 것 같았다. 그러나, 모르는 사람에게 자기 이름을 대고 가서 만나는 것도 귀찮다고 생각되어, 시장 입구에 멈추자, 출입하는 사람들에게 떠밀렸다. 앞

뒤 좌우로부터 사람들이 쏟아져 나와 한쪽에 붙어 있자
니까 발 밑에서 소리가 들렸다.

「이 비천한 놈에게 덕을 베풀어 주십시오.」

　놀라서 보니, 거지가 머리에다 수염이 흐트러진 얼굴
을 들고, 구걸하고 있는 남자가 있었다.

　(그렇다. 시장관리를 만날 때까지, 오자서는 여기서 미
친 사람처럼 걸식하고 있는 것일 게다. 같은 거지끼리라
면 그 소식은 알고 있을지도 모른다.)
라고 생각했다.

　잠시 생각하고 나서, 도전(刀錢)을 한 장 꺼내, 손바닥
에 펴놓았다.

　거지는 돈을 보자, 인사도 없이, 자기 옷소매 속으로
재빨리 가져가고 나서, 진무른 눈을 꿈벅꿈벅 뜨면서 손
무를 올려다 보고 작은 소리로 말했다.

「제게 무엇을 묻고 싶은 것입니까?」

「오자서님의 일이다. 초의 망명인으로, 여기서 거지처
럼 살고있지만, 왕에게 불려갔다는 그 사람이다. 그 사
람이 지금 어디에 있는지 알고 있다면 가르쳐다오.」

　거지는 대답하지 않았다. 진무른 눈을 꿈벅거리며, 의
심하는 눈길로 바라 보았다.

「공자 광 전하의 모함으로 왕의 기분이 전같지 않아,

숙소에서 쫓겨났다고 들었습니다만, 거기서 나와 어디 거처하시는지, 아직 성 안에 계시다고는 듣고 있지만 왕의 보호가 없는 데다가 광 전하같은 분의 미움을 받고 있어서, 어린 왕손을 모시기가 더욱 어려워졌을 겁니다. 어떻게 살고 계신지, 어디로 가셨는지는 모르겠습니다.」

거지는 말하며 머리를 가로저었다.

「당신은 오자서님과 어떤 연고로 그 분의 일을 염려하는 것입니까? 그 사람과는 전에 잠시간 함께 있었지만, 별로 아는 것은 없습니다만, 분별없이 함부로 말하진 않겠습니다. 그 분은 초 왕실의 방문객으로 오셨습니다. 당신은 초에서 왔습니까?」

「아니오, 아니오. 나는 이 나라 사람이오.」

「말이 다릅니다. 당신 말투는 제나라 말투입니다.」

대단히 날카로운 사람이었다. 이 쪽으로서는 어찌할 수가 없었다. 간단히 자기소개를 했다.

「아, 손가둔의 분이셨군요. 그렇다면, 산동(山東) 근처인 것도 무리가 아닙니다.」

거지는 이 쪽을 알게 되자, 또 다시 손바닥을 폈다.

「손가라면 대단히 부호지요. 안변 일대를 개척하신 분께서 한 장 더 주실 수 있겠지요.」

「좋다, 좋아. 그 대신에 들려 줄 수 있겠지!」

또, 도전 한 장을 건네 주었다. 그것을 집어 넣고나서 거지는,

「아무에게나 이야기 해서는 안 됩니다.」

라고 말했다.

거지는 몸 전체에서 이상한 냄새를 풍기고 있었고, 그래서 파리가 날아 붙어, 기분 나쁜 듯했지만, 손무에게 말했다.

「나도 가서 확인한 것은 아니라 분명치는 않지만, 오자서님은 광 전하 영지에서 농사 짓고 있는 것 같습니다.」

「광 전하의 영지라구?」

「그렇소. 살고 계시는 집도, 노비도, 모두 광 전하에게서 받고, 편히 살고 계시지 않습니까? 보통 때는 오자서님은 여행을 하고 초의 왕손 승만이 집에 남아 계시지 않습니까? 아직 어린 왕손이 지켜 주는 사람도 없이, 노비들에게 맡겨져, 비복들과 함께 생활하고 있다고 들었습니다.」

「과연 그렇군!」

오자서는 광의 질투심 때문에, 왕의 믿음과 총애를 잃었는데, 광의 보호를 받고 있는 것이다. 납득이 가질 않는다.

「오자서는 광 전하 때문에 왕으로부터 경원당한 것이

아닙니까? 세상에는 그런 소문이 자자한데….」

「소문은 그렇습니다만, 제가 말씀드린 대로가 사실입니다. 그 증거로, 오자서님은 때때로 성 안으로 나와 봅니다만, 그 때는 언제나 광 전하 댁에 머물고 계신다고 했습니다. 제가 전하의 저택 부근에서 오자서님을 만났는데, 돈을 받았습니다. 아무에게도 사실을 말하지 말라는 약조였지요. 도전을 두 장이나 받았기 때문에 할 수 없이 말씀드리는 것입니다. 인간에게는 의리라는 것이 있으니까요.」

손무는 이 묘한 의리론 따위는 듣고 있지 않았다. 오자서와 광과의 관계가 납득이 되지 않았고, 어떻게 해석해야 할 지를 몰랐다.

그것이 거지에게는 유감이었을 것이다.

「제가 알고 있는 것은 이것 뿐입니다. 윗분들이 하시는 일, 천한 저희는 잘 모르겠습니다만, 이것은 초를 어지럽히는 일로 왕이나 광 전하도 오자서님을 마음에 들지 않아 하여, 오자서님은 나무에서 떨어진 원숭이처럼 초에게 생각하게 하려는 것이 아니겠는지요. 그렇게 생각하면 이해가 됩니다만.」라고 해석을 해 주었다.

「그럴지도 모르지. 고맙소, 아주 잘 알았소.」

손무는 일어서서 숙소로 돌아갔지만, 아무래도 이해할

수가 없었다. 거지의 해석은 단편적이고, 얄팍한 것이었
다.

(무언가 깊은 속사정이 있다.)
라는 생각이 들자, 궁금해서 견딜 수가 없었다.

머리에 열이 날 정도로 생각에 빠졌다.

(나도 좀 지나치군. 어떻게 이런 일에 이렇게까지 정신
을 빠뜨릴까? 아내가 이런 나를 싫어하는 것도 무리가
아니지.)
라고 생각하면서도, 생각을 떨쳐 버릴 수가 없었다.

광(光) 공자(公子)의 마음

오자서가 오왕 요(僚)에게 경원 당하는 것에 대해서는, 이러한 사정이 있었기 때문이다.

오왕에게 총애받게 된 오자서는 매일 부름을 받고, 여러 가지 이야기를 하는 사이에, 초를 무찌를 책략을 말했다. 초의 내정을 잘 알고 있는 오자서의 책략은 거두절미하고, 대단히 매력적이긴 했지만, 그것을 말할 때의 오자서의 표정에 복수심이 불타는 것이 오왕의 마음에 걸렸던 것이다.

(아! 이 사람은 아버지와 형을 죽인, 초에 대해 큰 원한을 가지고 있구나!)

라고 느꼈다.

　오왕은 점점 경계하기 시작하여, 오자서를 물러가게 하고, 공자 광을 불러, 오자서가 말한 책략에 대해 이야기했다.

「여러가지로 훌륭한 사람이라고 생각되는데 어떻습니까?」

라고 말을 꺼냈다.

「오자서는 명석한 인물로 초의 대부의 자손이기 때문에 초의 장단점을 잘 알고 있어, 그가 세운 책략이 탁월한 것임에는 생각할 여지도 없습니다. 그러나, 마음에 걸리는 것은, 그가 최근 아버지와 형이 처형당한 곳에서 망명해 왔다는 사실입니다. 그가 이 나라에 오게 되기까지, 송나라·정나라·진나라를 들렀으며, 이미 그 곳에서 힘을 빌려 군사를 일으켜 초를 무찔러, 아버지와 형의 복수를 하려 했습니다. 지금까지 그 계획이 모두 실패했기 때문에, 우리나라로 오게 된 것입니다. 그가 초를 무찌를 책략을 왕에게 말씀드리는 것은, 대왕의 힘을 빌려 자기의 복수를 하려는 것입니다. 초는 우리나라와는 오래 전부터 적국입니다만은 이유없이 공격할 수 는 없습니다. 먼저 공격하려면 충분한 이유와 승산이 있어야 합니다. 이 점에서 오자서의 책략은 사사로운 원한을 갚는데 급급한 것으로, 우리나라의 이해정도는 계산하지 않은 것으로 사려됩니다.」

라고 광은 말했다.

오왕도 이러한 불안이 있었기 때문에 오자서에게 확답을 주지 않고, 광에게 자문을 구한 것이다. 광의 자문이 자신의 불안과 일치했기 때문에, 왕의 오자서에 대한 친애는 전과 같지 않고, 경계하게 된 것이다.

오자서는 왕의 심경에 급격한 변화가 일어났음을 느꼈지만, 자신이 초 토벌의 계획을 말한 이후의 일로 생각이 미치자, 조사해 보니, 그 직후에 공자 광이 찾아와 오랜시간 대왕을 배알한 사실을 알게 되었다.

자서는 광이 자신의 계획에 대해 어떻게 말씀드렸는지, 곧 추측할 수 있었다.

(어째서 나를 괴롭히는 것인가? 공자 광은 현명한 자를 색출하기 위해, 시장 관리로 훌륭한 관상가를 임명하지 않았는가!)

라고, 그도 또한 의혹을 품었다.

오왕이 초를 무찌를 군사를 일으키면 당연히 광이 대장군이 되어 진출한다. 책략은 자서가 세운 것을 따르더라도, 실제 지휘는 광이 하게 된다. 이기면 광의 대공이 된다. 자서의 공적이 포상받는다 해도, 그것은 광 다음으로, 실전에 참전한 장군들의 공적이 차례차례 포상되고, 그 후로 자서의 공적이 포상되는 것이 상례이다.

 (공자 광이 날 질투해야 할 이유가 없다.)

라고 자서는 생각했다.

 (무언가 다른 중대한 이유가 있다.)

라고 생각하지 않을 수 없게 되었다.

 그 무렵, 연릉(延陵)의 계자(季子)라는 사람이 오나라에서 뿐만 아니라, 중국 전토에서 현인으로 존경받고 있는 사람으로, 본명이 계찰(季札)이었다. 이 사람이 오의 도읍으로 오자, 왕의 대우가 극진한 것을 보고, 오자서의 기억이 새롭게 되살아 나기 시작했다.

 계찰은 4대 전의 오왕 수몽(壽夢)의 막내아들이다. 어린 시절부터 현명하여 도의(道義)를 중히 여겼고, 당시 오에서 성행하던 중원문화(中原文化)에도 달통한 사람이었다.

 이런 사람이었기 때문에, 수몽은 아들 넷 중에 가장 사랑하였고, 말기에 병이나 위독해지자, 머리맡에 계찰을 불러, 왕위를 계승시키고 싶다고 말했지만, 계찰은,

 「저는 막내일 뿐입니다. 위로 세분의 형님이 계십니다. 이 분들이 계승함이 도리인줄 압니다.」

라고 분명히 말했다.

 수몽은 하는 수 없이, 장남 제번(諸樊)을 시켜 국정을

살폈지만, 병이 위독하여 죽음에 이르자,

「내 장례가 끝나면, 계찰을 왕위에 올려라.」

고 유언했다.

「잘 알겠습니다. 반드시 말씀대로 따르겠습니다.」

라고 제번은 약속했다.

때문에 장사를 끝내고, 계찰을 왕위에 올리려 했지만 계찰은

「연장자가 집안을 계승하는 것은 천하의 이치입니다. 설사 전왕의 유지가 있다해도, 그것은 전왕의 사사로운 뜻일 뿐입니다. 사사로운 감정으로 천하의 도리를 어기는 것은, 전왕을 불의로 빠뜨리는 행위입니다. 천하의 도를 어기고, 부군으로하여 불의를 저지르게 하는 불효를 행한다면, 형님들에 대한 도리가 아니므로, 저는 그리 할 수 없습니다.」

라고 분명히 사퇴를 말하고, 집을 나와 농부가 되어 밭을 일구며 살았다.

하는 수 없이, 제번은 계찰의 말대로 한다는 조건으로, 스스로 왕위에 올랐다.

제번은 보위 23년으로 목숨을 다했다.

공자 광은 이 제번의 아들로, 제번이 죽음에 임해, 아들을 왕위 계승시키지 않고, 동생 여제(餘祭)와 여매(餘

昧)를 불러,

「내가 죽거든 여제가 계승하라. 그 다음은 여매가, 여매 다음은 계찰을 계승하도록 하라. 나는 돌아가신 부군의 유지에 역행한 것이 마음에 걸려 괴로웠지만, 너희들이 그리해 준다면 부군의 유지도 따르게 되고, 나도 지하에서 안심하고 부군을 뵈올 수 있겠다.」

라고 유언했고, 형제들은 그대로 따르기로 맹세했다.

제번은 안심하고 계찰을 연릉에 봉해 두고 죽었다. 연릉(延陵)은 지금의 강소성 근처라고 한다. 그 후, 계찰의 일을 「연릉의 계자(延陵의 季子)」라고 부르게 되었다.

여제는 즉위 5년 후 죽고, 동생 여매가 즉위했지만 즉위 9년만에 병을 얻어 죽게 되었다.

여매는 큰형 제번과의 약속에 따라, 계찰을 불러 다음 왕으로 계승시키려 했지만, 계찰은 사퇴하고 연릉으로 돌아왔다.

여매가 그 이듬해 죽자, 오나라 왕위가 비게 되었다. 오의 중신들은,

「계찰 전하가 승낙하지 않는 이상, 하는 수 없습니다. 언제까지나 왕위를 비워 둘 순 없습니다.」

라고 의논하고, 여매의 아들을 왕위에 계승시켰다. 그가 현재 요왕이다. 하여서, 이런 계보(係譜)가 되는 것이다.

	제번(諸樊) - 광(光)
수몽(壽夢)	여제(餘祭)
	여매(餘昧) - 요(僚)
	계찰(季札)

오자서의 기억에 되살아난 것은 이러한 왕위 계승도였다. 자서는 오나라 사람들에게 자세히 물어 자기의 기억을 확인했다.

(과연, 여기에 원인이 있는 것 같다. 공자 광은 제번왕의 아들이다. 제번이 죽을 당시는 아직 어려서 부왕의 유언도 없고 해서 불평도 없었겠지만, 점차 성장한 후에는 계찰을 계승시키려는 제번왕의 계획을 알 수 있게 된 이상, 광에게 불평이 없을 리가 없다. 요왕이 초를 멸망시켜 큰 공을 세우게 되어, 세력을 확장시키는 것은, 광에게는 불리할 뿐이다. 오나라 내정이 이러한 이상, 나도 급히 뜻을 이룰 수는 없다. 광에게도 자기의 뜻이 있기 때문이다.)

라고 결론을 내렸다.

오자서는 광에게 모반의 뜻이 있음을 알게 되었다.

오자서는 광의 저택을 방문해 면회를 청했다.

광을 곧 만날 수 있었다.

「저는 초의 망명인입니다. 이 나라의 왕가를 둘러 보았습니다만, 왕의 세력을 원조 받을 수 없다면 이 나라를 떠나 제로 갈까합니다. 그런데, 전하가 저를 많이 도와 주셔서 인사를 하러 왔습니다. 만일, 저 같은 사람이 필요하시다면 전하의 보살핌 아래 살고 싶습니다.」

라고 오자서는 말했다. 그러나, 심중의 말은 하지 않았다. 이렇게 말하는 것은 상대의 비밀을 알아내기 위함이었다. 좀처럼 쉽사리 흔들리지 않는다. 그것은 시간이 필요했다. 그리고, 지위와 친분과 신뢰가 필요했다. 이러한 생각없이 행동한다면 위험한 인물로 취급당해, 최악의 경우에는 죽음을 당하게 될지도 모를 일이다.

광은 빙그레 웃으며 대답했다.

「잘 오셨습니다. 저는 어리석은 사람이지만, 능(能)과 현(賢)을 숭상하고, 제 부족함을 줄이기 위해 항상 정진하고 있습니다. 선생님의 고명하심은 전부터 익히 들어 언제라도 뵙고 싶었습니다. 이렇게 선생님을 뵙게 되어 영광입니다.」

이것으로, 오자서는 광의 도움을 받기로 약속하고 오왕의 숙소를 물러난 것이다.

광은 오자서를 위해 자기 영지 중의 하나인 진택(震澤) 주변의 마을과 별장을 집으로 주었고, 노비와 모든 기구까지 주어, 풍족한 생활을 할 수 있게 했다.

오자서는 감격하여,

「갈 곳 없는 망명자에게 이렇게 은덕을 베풀어 주시니 갚을 길이 없습니다. 저는 전하를 위해 인재를 소집하겠습니다. 무한한 은혜에 보답하는 길은 이것 뿐이라 생각합니다.」

라고 말하고 진택의 집으로 돌아가지 않고 여행을 했다. 주로 오나라 내부였지만, 때로는 전당강(錢塘江)을 넘어 월(越) 나라 쪽으로도 갔다. 이 시대의 월은 오보다 훨씬 작은 나라로 오의 속국이었다.

월에 갔을 때, 이런 일이 있었다.

당시 천하에 명공(名工)이라는 두 명의 대장장이가 있었다. 한 사람은 오의 간장(干將)이고, 또 한 사람은 월의 구야자(歐冶子)였다. 마침 오자서가 월에 갔을 때, 구야자는 월왕 윤상(允常:구천의 아버지.〈오월춘추〉에는 원상(元常)이다)의 부탁으로 검을 만들고 있다는 소식을 듣고, 일부러 구야자집으로 갔다. 그의 집은 지금의 복건성(福建省)의 서쪽이라고 전하고 있다. 대단히 멀고 험한 곳이었다.

후에, 다녀와서 거기에 대해 써 두었다. 구야자와 쌍벽을 이루는 명공 간장이 오나라 사람이라는 사실은〈오월춘추〉에 잘 기록되어 있지만, 구야자가 살고 있던 당시 복건 지방은 검 제조에 필요한 금속의 주산지였다.

오자서가 며칠 기거하는 동안 어느 정도 검이 완성되자, 구야자는 그것을 가지고 가까운 큰 연못으로 가 숫돌에 가는 것이었다.

완성된 검은 다섯이었다. 한 척 길이 정도의 짧은 것들 뿐 이었다. 구야자는 그것을 연못가 풀 위에 늘어놓고 깨끗이 닦았다. 나이는 아직 40전 후겠지만, 여위고 창백한 얼굴의 작은 남자였다.

말을 걸며 다가오는 오자서를 보고, 고개를 끄덕일 뿐, 아무말도 없이 계속 칼을 닦고 있다.

이 시대는 아직 청동기 시대로, 철은 부패하기 쉬워 농기구 따위를 만들 때 사용하고, 무기를 만들 때는 사용하지 않았다. 철이 무기 제작에 사용된 것은 후세 한대(漢代)이후의 일이다. 이 시대의 검은 주조된 것으로 동에 납을 섞어 청동으로 단단하게 만든 것으로, 창과 방패도 이렇게 만들었다.

청동 주조 검이기 때문에, 예리하다고는 하나, 그 당시 사람으로서는 동제검 밖에 본 일이 없으므로 그 신비감은 대단한 것이었다.

이 다섯 검 중의 하나가 오왕 요의 목숨을 빼앗을 운명

을 가지고 있었지만, 이 당시 오자서로서는 그것을 알
리가 없었다. 단지 이것을 보고 감탄하여 몇 번이나 탄
성을 질렀다. 그것이 구야자의 기분을 좋게 했다.

「당신 어디서 오셨습니까?」

라고 물어왔다.

「오에서 왔습니다.」

「그렇습니까? 오라고요? 그렇게 먼 곳에서 여기까지
오셨습니까? 이 지역에 무슨 볼 일이라도 있으십니까?」

「특별한 일은 없습니다. 솔직히 말하면 당신의 일하는
모습을 보러 왔습니다.」

「제 일을? 무슨 부탁하실 거라도 있으십니까? 여행하
는 사람은 때때로 그러시니까요.」

「아닙니다. 나는 오의 공족, 광 전하 문하에 있는 사람
입니다만, 이렇게 월에 여행온 김에, 오의 간장과 함께
대장장으로 천하에 쌍벽을 이루는 당신이 월왕의 명을
받고 검을 만들고 있다는 소식을 듣고, 보고 싶어 이렇
게 오게 된 것입니다.」

「그렇습니까? 당신이 오의 공자 광 전하 댁에 계십니
까? 그것은 이상한 인연이군요. 내가 만들고 있는 이 검
중에 셋은 왕이 광 전하에게 드릴 것이라고 합니다. 광
전하는 오에서는 왕에게 세력을 미치는 사람으로 우리

왕이 그 분의 기분을 거슬려서는 안 된답니다. 광 전하
는 오군의 대장군으로, 싸움에 처음 임할 때 군사 3천,
군량미 수만 섬을 요구했기 때문에, 우리나라는 큰일이
었습니다. 보통 때는 그런 일이 없었습니다만…. 이런
말은 그만두겠습니다. 당신, 내가 지금 한 말을 광 전하
에게 해서는 안 됩니다. 말하지 말아 주세요. 그 대신 당
신에게도 검 하나를 드리겠습니다. 여기에 있는 것이 아
니라 얼마 전에 만든 것입니다만, 그것을 드리겠습니
다.」

　이런 이유로 오자서는 검을 하나 얻게 되었다.

　구야자는 오자서의 등에 멘 칠성검을 보고,

　「이것은 저와 간장의 스승의 작품으로 초 왕가에 바친
것입니다. 어떻게 해서 오나라 사람인 당신의 것이 되었
습니까?」

라고 물었다.

　「나의 조상이 오왕의 사자로 초에 갔을 때 초왕에게서
받은 것입니다.」

라고 오자서는 대답했다.

　「그렇습니까? 이런 명검을 함부로 넘기는 것은, 초나라
세력도 이젠 기울어지는 것을 나타내는 것이겠죠?」

라고 구야자는 한탄했다.

오자서는 오로 돌아가 이 말을 광에게 하고, 검이 선물로 올 것이라고 말했다.

「오! 그것 반가운 일이군. 기쁜 마음으로 기다리지, 내가 검을 좋아하는 사실을 월의 윤상이 어떻게 알았을까? 사람은 기호에 따라 기분이 달라진다. 다른 사람을 농락하는 것이지만, 확실히 효력이 있다. 권력자는 이것을 주의해야 한다.」

라고 광은 말했다.

또, 오나라 국내를 여행할 때는 이런 일이 있었다.

북쪽의 당읍(堂邑)이라는 마을에 갔을 때, 마을에서 싸움이 일어났다. 많지 않은 사람을 상대로 건장한 사내가 팔을 걷어붙이고, 화가 나서 서 있다. 키도 크고, 씩씩하고 용감해 보이는 남자였다. 상대방은 여러 명이 몽둥이를 들고 위협하고 있었지만 조금도 무서워하지 않는 기색이다.

좁은 길 위가 난투장이 된 듯하다. 마을 사람들은 무서워서 모두 집안으로 들어가 문을 닫아 버렸다. 오자서는 이 사태가 어떻게 될지, 검을 멘 채로 지켜보고 있었다. 만일 건장한 사람 쪽이 위험하게 되면 중재할 생각이었다.

양쪽 모두 점점 심해져 갔다. 이 사내가 눈을 딱 뜨고 결의를 보이고, 지금 당장 적중으로 뛰어들려 했다.

　그 때, 그 사람의 뒤쪽에서 한 젊은 여자가 종종 걸음으로 달려나와, 중재 할려고 소리쳤다.

「여보, 또!」

　그 소리를 듣자, 이 사람은 멈칫했다.

　여인은 또 소리쳤다.

「당신, 또 시작이예요! 그만 두세요! 이제 돌아가요.」

　장사는 터덜터덜 그 여자 쪽으로 돌아갔다.

「야아! 뭐하는 거야! 이대로 돌아가는 거야!」

「마누라가 부른다고 돌아가는 거냐!」

「그렇게 마누라가 무섭냐!」

「행복하겠구나!」

　두서 없이 떠들고 웃으며 조롱했지만, 이 사람은 뒤도 돌아보지 않고, 고분고분히 여인의 말에 따라 사라져갔다.

　오자서는 아연해져 이상하다고 생각하며 뒤따라갔다.

장사 문답(壯士問答)

번화가를 벗어나서 길을 지나 밭 사이 작은 길로 2·3리 가니 큰 내와 수양버들이 몇 그루 있고, 그 앞에 몇 채의 농가가 있었다. 그 뒤로 숲이 우거져 있었다. 중류 정도의 농가가 한 채 있고, 그 앞에서 두세 살에서 예닐곱 정도의 남자아이 셋과 노파가 나와 있었다. 이 쪽을 보고 있다가 아들 부부를 보자, 아이들은 귀여운 목소리로 말하며 손짓했다 둥지 나온 병아리가 모이를 물어 오는 어미 닭을 맞이하는 것 같았다.

부부가 다가오자 아이들은 달려와 안겼고, 노파는 무슨 일 인지를 물었다. 아이들을 데리고, 고개를 숙인 채 아무 말 없이 집 안으로 들어갔다.

(과연, 저 부인은 노파의 말을 따라 남편을 맞으러 간 것이구나. 어머니의 말이라면 곧 무엇이든 따르는구나!) 라고 생각했지만, 그래도 그렇게 용감하여 많은 적도 두려워하지 않던 남자가, 노파의 말이기는 하지만, 저토록 순종하는 것이 왠지 수상했다. 자신도 누구 못지 않은 효자라고 생각했다.

효를 모든 도덕의 출발점으로 여기는 것은 중국인의 상식이다. 유교라는 특정학설에 의존하지 않더라도, 이 이야기의 중요 인물의 한 사람인 오자서가 유교의 신봉자도 아닌데, 아버지와 형의 원수를 갚으려고 와신상담하는 이유는 좀 이해가 되지 않는다. 때문에 지극한 효를 보고, 이 사람을 현인이라고 생각하는 것은 중국인의 상식으로, 단지 이 시대 뿐 아니라 후세까지 그러한 것이다.

공자 광을 위해 현인을 구하려고, 국내를 순회하고 있는 오자서로서는 곧 그 곳을 떠나지 않고, 잠시 주위에서 때를 기다리다가 그 집을 방문했다.

마침 그 때, 장사는 작은 외양간 옆의 농기구 광에서, 볏짚을 풀고 있었다. 문 앞에 섰다가 들어가려 할 때, 오자서의 귀에, 쿵쿵쿵 하는 소리가 들려 와서, 뒤돌아보니, 손절구로 볏짚을 찧고 있는 장사가 보였다. 오자서는 다가가서 정중하게 인사하고 말했다.

「저는 초나라 오자서라는 사람입니다. 이 나라로 망명해 왔지만, 위기에 처해 있습니다. 잠시 실례하겠습니다.」

장사는 놀라 일손을 놓고 일어서서, 마찬가지로 정중하게 대답했다.

「저는 전제(專諸)라고 합니다. 초나라 오자서님이라면, 전태자태부 오사님의 차남으로 천하에 유명하신 분이 아닙니까? 이 나라로 몸을 피해 오신 것은, 소문을 들어 알고 있었습니다만, 그 분이 어째서 이 천한 놈을 방문해 주시고, 게다가 정중히 인사까지 하시는 것입니까?」

「실은 드리고 싶은 말이 있기 때문입니다. 아까 당신이 거리에서 많은 사람들을 상대로 다투던 모습을 계속해서 지켜보고 있었습니다. 당신이 그 많은 사람을 상대로 보여준 용감하고, 씩씩한 모습은, 수만 적이라도 무찌를 기세여서 감탄했습니다. 그런데, 갑자기 부인이 나와 한 마디하자, 당신은 홀연히 부인과 함께 돌아가 버렸습니다. 그 무리들의 조롱도 들리지 않는 것처럼, 저는 당신을 뒤쫓아와 보고, 당신에게 노모가 있음을 알았습니다. 부인이 노모의 말씀을 전했을 것이라고 혼자 생각했습니다. 장사가 한번 화가 나, 싸우기로 결심하면, 그 뜻을 풀기가 매우 어려운 것입니다만, 좀 석연치 않은 점이 있습니다. 그래서, 무언가 다른 생각이 있기 때문이라는 생각이 들었습니다. 실례가 안 된다면, 그것을 들려주십시오. 사심 없이 듣고 싶습니다.」

전제라는 장사는, 아무런 말도 없이 단지 볏짚을 들어, 사내끼를 꼬기 시작했다. 이 쪽을 완전히 무시하는 태도다.

오자서는 태도를 계속 공손히 하여,

「실례인 줄 알고 있습니다만, 너무나도 꼭 듣고 싶기 때문입니다.」

라고 말했다.

전제는 신발을 벗고 발가락 사이에 사내끼를 끼우고, 양손으로 비벼 새끼를 꼬면서 무뚝뚝하게 말했다.

「오자서라는 분이 어찌 이런 사소한 일에 관심을 갖게 되셨습니까? 당신이 추측한 대로 저는 어머니가 무섭습니다. 또, 마누라도 무섭지요. 그러나, 당신은 한 사람에게 복종하는 사람은 만인 위에서 자기의 뜻을 펼 수 있다고 생각해 본 일이 없으십니까?」

오자서가 전제에게 물은 것은, 그에게 접근하기 위함이지, 진실로 의문을 가져서는 아니었다. 그러나, 전제의 대답을 듣고 점점 다가가 그의 관상을 보니, 넓은 이마와 움푹 들어간 두 눈은 매처럼 날카로웠고, 큰 체구는 당당하여 용장의 기질이 넘쳤다. 오자서는,

「참으로 훌륭하십니다. 옛 성천자(聖天子) 우(禹)는 좋은 말을 들으면 절을 했다고 합니다. 저도 절을 하지 않을 수 없군요.」

라고 말하고, 무릎 꿇어 절하며 계속 교제하고 싶다고 말했다.

전제 또한 예의 바르게 답례했고, 여기서 두 사람은 맺어졌다.

이 전제가 나중에 공자 광을 위해, 월왕 윤상이 바친 세 개의 검 중 하나를 가지고, 오왕 요를 암살했다.

이상은〈오월춘추〉의 기록에 의한 것이지만, 이 이야기는 중국에서는 어느 정도 설화로 전래되고 있는 것같다.

〈오월춘추〉는 또 오자서가 요리(要離)라는 사람과 친해진 것을 전하고 있다.

요리는 오나라 사람으로, 살고 있는 집은 성 안이나 성 근처인 듯하다. 체격도 빈약하고 신분도 낮았지만, 참으로 용감한 남자였다.

　그 남자에 대한 이러한 이야기가 있다.

　제나라 사람 초구흔(椒丘訴)이라는 자가 있었다. 제나라에서는 용기있는 자로 널리 알려진 인물이었다. 언젠가 제왕의 사신으로 오나라에 오게 됐다. 오나라로 오던 중, 회수(淮水)나루터에서 쉬고 있을 때, 명을 내려 마차의 말고삐를 풀어 주고 물을 마시도록 했다.

　이것을 보고, 나루터 관리가 당황해 달려와,

「안 됩니다. 이 강은 신이 오시므로, 말이 먹을 수는 없습니다. 빨리 말을 끌어 내야 합니다. 그만두세요.」

라고 엄격하게 말했다.

　초구흔은 혈기 왕성한 자이어서, 이 말을 듣고도 쉽게 물러서지 않았다.

「장사가 하는 일에 무슨 놈의 신인가? 괜찮다. 말을 강으로 데려가 물을 먹여라!」

고 주저하는 마부를 꾸짖고, 그대로 시켰다.

　그러자 갑자기 소용돌이가 일어나 눈깜짝할 새, 말과 마부를 덮쳐, 말의 모습도 마부의 모습도 보이지 않게 되었다.

　보고 있던 사람들은 모두 놀랐으며, 관리는,

「그래서 말씀드린 것이 아닙니까?」

라고 말했지만, 초구흔은 이를 갈며 분노했다.

「내게 화를 미치는 신은 이해할 수도 없고, 용서할 수
도 없다!」

라고 옷자락을 걷어 올리고, 검을 뽑아 들어 물 속으로
뛰어 들어가 신을 찾아내 몇날 몇일을 싸우다가 한 눈을
잃고 싸움을 그만두었다.

　이 신의 이름이나 모습에 대한 기록은 없지만, 지금도
양자 강에는 상어가 있다는 것으로 보아, 이 시대 회수
에 있었던 상어 이야기인지도 모른다. 또한 거대한 자라
였는지도 모를 일이다. 성천자 우의 아버지 곤은 상제에
게 벌을 받아, 다리가 셋인 누런 자라가 되어 우연(羽淵)
으로 들어가 신이 됐다고 〈좌씨전〉에 전한다. 후세에 까
지, 그 곳의 물은 맑고 깨끗하게 보호하여, 그 곳에서는
소나 양이 물을 마시지 못하게 하였다고 한다.

　말을 물고 갈 정도의 거대한 악어가 있었는지 알 수 없
지만, 〈오월춘추〉에 기록되어 있는 설화로 아무런 의심
없이 전해지고 있다.

　이렇게 초구흔은 오의 도읍에 도착하여 맡은 바 임무
를 다했지만, 오 도읍에 머물고 있는 동안, 오나라 친구
가 죽었기 때문에 그 장례식에 참석했다. 그 중에는 오
나라 대부들도 있었고, 오자서도 있었다.

　초구흔은 물신과 결투한 것으로 이름이 널리 알려졌기

때문에, 의기양양해 있었다. 오만하게 좌중을 바라보고, 불손하게 말했기 때문에, 좌중은 모두 눈살을 찌푸리고 못마땅해 했다.

요리는 말석에서 얌전하게 앉아 있었지만, 더 이상 참을 수 없어 초구혼에게 말했다.

「저는 용사로 적과 싸울 경우, 주저하지 않고, 태양을 상대로 싸워도 결코, 물러서지 않으며, 귀신과 싸울 경우도, 한걸음도 물러나지 않고, 사람과 싸울 때는 상대가 공격하기 전에 먼저 공격하며, 필사의 각오로 결코, 적에게 수치를 받지 않는다고 듣고 있습니다. 당신은 물신과 싸웠다고는 하나, 말과 말부가 공격받았고, 자신의 한쪽 눈마저 잃어, 불구자로 뻔뻔스럽게 살고 있습니다. 구차스레 목숨을 부지하고 있음이 어찌 용사의 할 일입니까? 그 교만하고 자랑스런 태도는 불쾌하기 짝이 없습니다.」

초구혼은 몹시 화가났지만, 그 장소에서는 어쩔 수가 없어, 나중에 요리의 집으로 가 죽이려고 생각했다.

요리는 곧 자리를 떠나 집으로 돌아와 아내에게,

「나는 이러이러한 이유로 용사 초구혼에게 망신을 주고 왔소, 그가 대단히 화가 났으니 밤이 깊어지면 반드시, 보복을 하러 올 것이오. 내게 생각이 있으니 대문과 방문을 모두 열어 두시오.」

라고 명령했다.

아내는 걱정이 되었지만, 여기에 대한 특별한 기록은 없다.

한밤중이 되자, 초구혼은 예상대로 왔다. 대문도 잠겨 있지 않고, 집 안으로 들어가 보니 방문도 열려져 있다. 더 안으로 들어가 요리의 방에 가 보니 자물쇠도 잠겨 있지 않다. 들어가 보니, 요리는 관을 벗고 머리를 풀고, 큰 대자로 누워 자고 있었다. 옛날 관을 쓰던 시대에는 한밤중에도 벗지 않는 것이 보통이다. 관을 벗고 머리를 풀고 자고 있다는 것은 만취해 잠들었음을 나타내는 것이다.

초구혼은 검을 뽑아, 요리의 머리를 잡고 호통을 쳤다.

「너는 죽을 죄를 세 번이나 범했다. 네가 그것을 알렸다!」

요리는 눈을 감고 태연히 대답했다.

「모른다.」

「너는 나를 여러 사람 앞에서 망신 주었다. 그것이 첫 죄요, 집에 들어와 문단속을 소홀히 한 것이 두 번째 죄요, 편안히 자고 있는 것이 세 번째 죄다. 죽음을 자초하고 있을 뿐이다. 나를 시험해서는 안 된다.」

　요리는 겁도 없이 말을 계속했다.

「우선 기다려라. 나에게는 아무런 잘못도 없소. 그보다 당신은 세 가지 바보스런 짓을 했소. 그것을 알고 있소?」

「모른다.」

「첫째, 나는 당신을 많은 사람들 앞에서 망신 주었소. 그런데, 당신은 그 자리에서 아무런 반응도 없었소. 용사의 할 바는 그 때 그 자리에서 이미 내가 설명했던 바요. 당신은 그대로 행하지 않았소. 때문에 나는 당신의 방자한 말 뿐만 아니라, 진실을 말한 것이 되었소. 둘째, 당신은 깊은 밤 남의 집을 방문할 때, 떳떳하게 대문을 통하지 않고 들어왔소. 자물쇠도 없는 것을 다행으로 여기고 밤도적처럼 숨어들어 왔소. 수치스러운 행동을 했소. 셋째, 당신은 내 머리를 잡고, 나의 목에 칼을 꽂고 큰소리 쳤소. 비열하다고 생각되지 않소? 이런 바보스런 짓을 세 번이나 하면서 나를 협박하는 것은 비열하오.」

　이 말을 듣고 초구혼은 검을 거두었다.

「내 용맹함에 천하의 모든 사람들은 나를 두려워해 똑바로 바라보는 자가 없을 정도인데, 너는 생각한대로 솔직히 말하여 나를 부끄럽게 했다. 너야말로 천하의 장사다.」

라고 감탄하여, 뜻을 맺고 돌아갔다고 한다.

오자서는 이 요리와 뜻을 함께 했다.

오자서에게 특별한 흥미를 갖고 있는 손무는, 오자서
가 전국을 두루 여행하고 능력있는 사람을 한 명도 빠뜨
리지 않고 모아 들인다는 소문을 듣고 있었다.
「나에게도 올지 모른다.」
라는 기대와 공포심도 있었다.
기대는 오자서 같은 현명한 사람과 만난다는 기쁨 때
문이고, 공포는 오자서가 무엇을 계획하고 있는가의 추
측에 대해서였다.
그도 오자서가 추리하는 것처럼 공자 광의 마음 속 비
밀을 추측해 보고 있었다.
(계찰 전하가 왕위를 계승하지 않은 이상, 오왕의 왕위
계승권은 광 전하에게 우선권이 있다. 지금의 오왕에 대
해서는 불만이 없을 리가 없다.)
라고 생각해도, 오자서가 공자 광에게 접근하고 있는 것
과, 전국을 돌며 여러 사람들과 친밀히 교제하고 있는
것에 대한 의도가 무엇인지 분명히 알 수 있다. 오자서
와 뜻을 합하면 반드시 동지라고 생각하게 될 것이다.
어떤 제의를 받고 거절 한다는 것은 보통 경우의 일이
다. 이런 무서운 계획을 일단 입밖에 발설한 이상, 상대

는 반드시 설득시키려고 집요하게 물고 늘어질 것이고, 만일 거절하면 후난을 없애기 위해 죽여야만 할 것이다.

(위험한 인물이 왔구나!)

하고 저절로 탄식이 나왔다. 만나보고 싶은 마음도 있어서, 어찌해야 할지 갈등하고 있었다.

이 오자서가 결국 손가둔의 집도 방문해 올 것이다. 손무가 오자서가 오에 왔다는 것을 듣고 난, 2년 후의 봄이었다. 오의 도읍에서 손가둔까지 꾸불꾸불한 들길을 돌아, 수양버들 잎이 날아 다니는 길을 검을 메고, 지팡이를 짚으며, 짚신을 메어 달고 온 것이다.

손무는 연구에 지쳐, 거처인 별채에서 뒷산에 올라가, 나뭇사이로 난 작은 길을 산책하며, 때때로 나뭇잎 사이로 내려오는 봄 햇살을 받으며 하늘을 우러러 보았다. 그리고, 크게 호흡하며 맑은 산공기를 마셨다.

그 곳으로 동자가 달려 올라왔다. 동자도 이제는 열 다섯 살이 되어, 키도 크고, 얼굴에는 여드름도 났으며, 입가에는 엷은 수염이 나오기 시작했다. 숨가쁘게 올라와 말했다.

「어서 내려가세요.」

이 때, 말은 안했지만, 손무가 오자서의 일을, 여러 사람을 찾아다니고 있다는 것을 소년은 기억하고 있은 것이었다.

「뭐, 뭐라고!」

손무는 안색이 바뀌었다. 당황하고 있다. 무릎이 떨려 오는 것을 느꼈다.

「풍채가 훌륭한 사람입니다. 눈빛이 번쩍번쩍 빛나고, 콧수염, 턱수염이 이만큼이나 길더군요. 큰 풍채는 작은 산을 옮겨 온 것 같아 모두 눈이 휘둥그레졌습니다. 소문대로 영웅 같습니다.」

라고 소년도 흥분하여 얼굴이 빨개졌다.

(어찌할까?)

라고 생각하고 있는데 동자도,

「어서 서둘러 내려가세요. 정중히 모셨습니다.」

라고 말하고, 몸을 돌려 달려 내려가 버렸다.

암호랑이의 절규(絶叫)

손무가 산을 내려왔을 때, 오자서는 사랑채에서 앉아, 창밖 나뭇잎 하나하나에 반사되는 봄 햇살을 바라보고 있었다. 칼집을 상 위에 놓고, 가볍게 수염을 쓰다듬고 있다. 특별히 위엄을 가장하고 있지는 않았지만, 산처럼 태연한 모습이었다.

들어온 손무를 보고, 빙긋이 웃으며 자리를 일어섰다. 검을 의자 등뒤에 세워 놓으려 했지만, 검은 손을 떼자, 요란한 소리를 내며 상으로 쓰러졌다. 자서는 몸을 굽혀 천천히 집어들어, 의자 위에 눕혀 놓고, 조용히 두 세 발자국 앞으로 걸어갔다. 안정된 행동거지가 참으로 본받을 만했다.

양손을 잡고 정중히 말했다.

「손선생님이십니까?」

손무도 마찬가지로 정중하게,

「그렇습니다. 오대부. 고명하신 소식을 듣고 꼭 만나 뵙고 싶었습니다. 우선 자리에 앉으시지요.」

라고 자리를 권했다.

주객의 자리가 정해지자, 오자서는 말했다.

「저는 초나라의 망명객으로, 이 세상에서 이미 희망없이 살고 있지만, 호걸선비와 만나 흉금을 털어 놓고 이야기 하고 싶었기 때문에, 천하의 호걸선비인 당신과 뜻을 같이하고 싶습니다. 손선생님의 제나라 전씨 가문의 일족으로, 몸과 마음이 깨끗하여 이 나라로 오셔서, 왕가를 사양하신 절개를 높이 숭앙하고 있습니다. 꼭 만나 뵙고 싶어, 전부터 방문하려 했습니다만, 기회가 없어 오늘에야 왔습니다. 이렇게 만나 뵙게 되어 기쁘기 한이 없습니다.」

이러한 경우, 중국인의 인사말은 대단히 정중하다. 그것이 예의인 것이다.

「저는 지금 대부께서 말씀하신 것처럼 호걸선비도 아니고, 농가의 이름없는 선비에 지나지 않지만, 대부 같은 분과 가깝게 지내는 것은, 가장 기쁜 일입니다. 언제라도 와 주십시오.」

손무는 여느 때처럼 기질이 약해보이지 않았으며, 세상의 부와 명예를 잊고 유유히 자기 생을 즐기며 살아가고 있는 호가의 주인 같은 태도로 매우 침착해 보였지만, 그것은 표면적일 뿐이고, 내심으로는 대단히 흥분하고 있었다. 오자서와 같은 인물이 자기를 대단한 인물로 생각하고 찾아온 것에 감사하고 있었다. 그가 방문한 것을 의심하고 두려워 하던 생각은 금새 없어져 버렸다. 손무는 공자 광과 함께 계획을 꾸미고 있음에 틀림없다는 생각은 전혀 하지 않았다. 이 때 그런 생각은 하지도 않았을 것이다. 그만큼 감사하고 있었던 것이다.

오자서 또한 가슴 속 깊이 품고 있는 것은 전혀 말하지 않고, 여러나라의 훌륭한 인물에 대한 이야기만 했다. 당시 현인으로 가장 유명한 인물은 정(鄭)의 대부 자산(子産)이었다.

「제가 지금까지 만난 분 중에서 가장 훌륭하십니다. 강대국 진과 초의 사이에 끼어있는 정이 존립할 수 있었던 것은 자산 같은 분이 계셨기 때문입니다. 그 분이 아니라면 정은 어찌 될까요?」

라고 말했다. 오자서가 가장 숭배해 왔었던 초의 전 태자 건이 진의 경공의 꾀에 빠져 정을 배반하기로 약속한 것이 폭로되어, 건이 죽고, 오자서는 건의 아들 승을 데리고 정을 도망쳐야 했을 때, 그것을 총지휘 한 사람이 자산이었다. 자산의 수완으로 정은 이 음모를 알아차려 큰 사건 없이 근본적으로 해결할 수 있었던 것이다. 자산은 이 사건을 처리하고 얼마 지나지 않아 병사했다. 오자서는 거기에 대해서는 전혀 언급하지 않고, 아무런 원한의 말도 하지 않았다.

「노(魯)에 공구(孔丘), 자는 중니(仲尼)라는 사람이 있습니다. 아버지 흘(紇)이라는 사람은, 무사 90인을 거느리고 있다고 알려졌습니다만, 구는 학문(學問)과 예(禮)와 악(樂)을 좋아하고, 문예(文藝)에 능한 대단한 인물이라 합니다. 게다가 삼십을 갓 넘은 어린 나이였기 때문에 아직 등용되지는 않았습니다만, 사십, 오십이 되면, 반드시 큰 일을 하실 분이라고들 합니다.」

오의 현공자(賢公子) 〈연릉의 계자〉계찰의 이야기도 나왔다.

「대단한 현인이 되었더군요.」

라고 말을 꺼낸 오자서의 얼굴에는, 엷은 웃음이 떠올랐다. 그 것이 비웃음이었기 때문에 그것이 손무를 놀라게 했다.

「뭔가 비판적이시군요.」

라고 이야기했다.

「고대 허유(許由)는 요(堯)가 그의 현명함을 듣고 천하를 양도하려던 것을 피해 산으로 들어가 숨었습니다. 나중에 또 요가 구주장(九州長)으로 기용하려 했을 때, 이 말을 듣고 귀가 더럽혀졌다고 말하고 영천(潁川)에서 귀를 씻었다는 말이 있습니다. 또 소부(巢父)라는 사람은 이 말을 듣고, 그 하류에서는 소에게 물을 먹이지 않았다는 말도 있습니다. 선생님께서는 잘 알고 계시겠죠. 이 두 사람을 오늘날에 이르기까지, 표본으로 찬미하고 있습니다만, 무조건 찬미해도 좋은 사람들이겠습니까? 인간으로 욕심 없는 자는 극히 드문 일입니다. 부와 명예를 좇는 자가 대다수이지요. 그 때문에 이 세상이 서로 피 흘리고 싸우는 전쟁터가 되고 만 것입니다. 세상이 이렇기 때문에 사람들이 욕심 없이 자기 자신을 깨끗이 유지하며 살아가는 사람들에게 숭배와 존경심을 갖는 것은 당연한 일입니다. 뜻있는 일이기도 하지요.」

오자서는 문득 말을 멈추고,

「이런 이야기에 흥미가 있습니까?」

라고 물었다.

「매우 재미있습니다. 어서 계속하십시오.」

감상이 아니다. 세상 일 보다, 이야기하는 사람에게 더 흥미가 있었다.

「그러면 계속하지요. 그러면서, 인간은 모여 살며 이 세상을 만들고, 각각 나라를 영위하게 되지요. 재주있고, 덕망있는 사람들이 모두 허유나 소부와 같다면, 이 세상은 어떻게 되겠습니까? 하늘이 사람에게 덕을 내리고, 재주를 부여하는 것은, 그 사람으로 하여금 천하를 다스려 천하를 통치하게 함이 아니겠습니까? 허유나 소부도 자기 생각만 하는 이기주의라고 저는 생각합니다. 사람이 세상에 태어나서 욕심을 버리는 것도 덕이라 할 수 있습니다만, 세상을 피해 자기 일신만을 생각하는 사람의 무욕이 어찌 덕일 수 있습니까? 저는 허유와 소부 같은 인물을 덕이 높은 사람으로 생각할 수 없습니다.」

손무는 상대가 자기의 생활 태도를 풍자하고 있는 것이 아닌가, 하고 가슴이 떨려왔다. 아무리 그래도 세상에 나가 관직에 참여하고 싶은 생각은 없었다. 세상에 나가 일하는 사람에게는 덕이나 재주, 학문 이외에 가장 필요한 것이 있다. 그것은 인간관계라 해도 좋고, 속된 것이라 해도 좋고, 사무능력이라 해도 좋다. 다른 사람과 표면적으로 조화를 잘 이루는 경박함이라 해도 좋고, 필요하다면 그 모두라 해도 좋지만, 그것이 자신에게는 없다는 것을 손무는 알고 있었다.

오자서는 계속해서 말을 했다.

「계찰 공자는 이 허유와 소부의 행동을 본받은 것입니다. 저는 공자를 높이 평가 할 수는 없습니다. 저도 공자가 예와 악에 달통해, 중원 제후와 사대부들이 높이 평가하는 공자를 존경해야 하는 사실을 무시하지 않습니다. 그러나, 제 눈에 비친 공자의 행동거지는, 책을 보고 배운 것 같은 자연스럽지 못한 것이 보입니다.」

예가 너무 지나쳐 쉽게 이해할 수 없어, 손무는 설명해 달라는 눈길로 오자서를 바라보았다.

「책을 보고 습득한다는 것은, 스스로 우러나와 하는 것이 아니라, 습득한 것을 그대로 흉내낸다는 것입니다. 공자의 책은 중원의 예와 악, 그리고 역사와 학문입니다. 오나라 고유의 것은 아닙니다. 저는 공자가 행동할 때 전전긍긍하는 모습을 보는 것 같습니다. 중원 사람들은 자신을 남들이 어떻게 볼까? 하는 염려가 언제나 마음 속에 있는 것처럼 보입니다. 계찰 공자의 하시는 모습을 보고, 저는 존경심보다는 안 됐다는 생각이 들어 견딜 수 없습니다. 스승에게 엄하게 감시당하고, 책상 앞에 앉아, 하나하나 배우고 있는 아이를 보고 있는 듯합니다.」

오자서의 말은 신랄했으며 불쾌하기까지 했다. 손무는

효과 있는 반발론을 생각해 낼 수는 없었지만, 이 사람은 위험한 인물이라는 생각을 억제할 수가 없었다.

그 때, 벽을 사이에 둔 옆 방에서, 쨍그랑 쨍그랑하고 그릇 부딪치는 소리와 발소리가 들러더니 곧, 여자 목소리가 크게 들려왔다.

「너, 그것 어디로 가져가는 거냐?」

아내의 목소리였다. 히스테릭한 목소리가 쨍쨍 울렸다.

우길이 사춘기 목소리로 무언가 말했다.

「그만둬요! 이런 곳에서 술을 마시면 안 되지요. 마시려면 서재에서 마셔야죠. 저는 술 냄새만 맡아도 취해요. 빨리 저 쪽으로 옮기세요.」

발소리가 멀어져 갔다. 아내는 안으로 들어갔고, 우길은 서재로 술단지를 들고 갔을 것이다.

손무는 호랑이의 포효를 들은 나그네처럼 새파랗게 질렸다가 잠시 지나자 빨갛게 되었다. 아내가 무섭기로는 혼이 나갈 정도지만, 오자서 같은 사람이 왔을 때, 소리가 다 들리는 옆방까지 와서, 이런 것을 말하지 않아도 될 걸, 하고 화가 났다. 오자서에게 부끄럽기도 했다.

오자서는 듣지 못한 사람처럼, 태연스럽게 앉아 있었다.

　이럴 때, 솔직하지 못하면, 오히려 서로 불편하다는 것을 손무는 알고 있었다.

　「상스러운 소리를 듣게 하여 면목없습니다.」

라고 말했다.

　오자서는 빙긋이 웃으며,

　「영웅이나 호걸은 세상 눈으로 보는 것으로, 아내의 눈에는 단순한 남편에 지나지 않습니다. 제가 이 나라로와 뜻을 합한 사람입니다만….」

라고, 전제의 이야기를 했다.

　「한 사람 밑에 굴복하는 자는 만인을 다스린다는 말을 들었을 때, 저는 참으로 감탄했습니다. 태공망여상(望呂尙)의 일이 생각났기 때문입니다. 여상의 아내도 대단한 호인으로, 여상이 평민일 때, 그 훌륭함을 모르고, 인연을 끊었다가 나중에 후회했다는 일은 잘 알고 있지 않습니까? 이것은 선생님의 본국의 국조(國祖)의 이야기입니다. 실례입니다만, 이것은 인정해야 합니다. 그러나, 여상의 아내는 인연을 끊고, 세상에서 혼자 되자, 여상의 훌륭함을 알게 되었지만, 그렇지 않고 계속해서 부부로 남았다면, 역시 끝내 모르지 않았겠습니까? 하하하하!」

　위로하는 말투였지만 손무는 더욱 부끄러웠다.

　「태공망은 영웅, 저는 가장 평범한 농부입니다. 비교도 안됩니다. 제 서재로 갈까요? 문자 그대로 초암(草庵)이지만 전망만은 훌륭합니다. 오늘밤은 달도 있군요. 술이나 들면서 여러 가지 좋은 이야기를 듣고 싶습니다.」

서재에는 소년이 가져다 논 술단지가 잘 차려져 있었다.

해는 졌지만 동편 하늘에 막 나온 반달이 걸려 있다.

넓은 평야 저 쪽에는 유채꽃과 보리꽃이 석양에 빨갛게 물결치고 있었고, 곳곳 숲에서는 저녁이 깊어가고 있었다. 창문으로 그것들을 바라보며 몇 잔인가 계속했다. 술이 약한 손무는 빙글빙글 취기가 돌았다.

서재로 들어 올 때부터 방구석 책상에 쌓아 놓은 그림과 글들을 보고 있던 오자서가 갑자기 말했다.

「도읍에서 들은 것입니다만, 선생님은 싸움에 깊은 흥미를 갖고, 이미 수십 년이나 연구를 계속하고 계시다던데요.」

「그런 말을 들으셨습니까? 이런 곳에 살고 있으면서, 제에 있을 때부터 기록을 조사하기도 하고, 실전담을 듣기도 했습니다만, 연구라고 할 만한 것은 아닙니다. 읽은 대로 들은 대로 적어 둔 것 뿐입니다.」

라고 말했다. 실제로 연구는 아직 미완성이다. 오자서 정도의 사람에게 털어 놓는 어리석은 짓은 할 수 없다고 마음 속으로 생각하고 있었다.

그러자, 오자서의 뒤에 서서 여러 가지 식탁 심부름을 하고 있던 소년이 말을 꺼냈다.

「우리 주인님의 연구는 대단히 훌륭한 것이지요. 싸움이 있던 곳에 가서 실제로 조사한 것이니까요. 저도 어렸을 적부터 쫓아다녔습니다….」

중얼중얼 이야기하며 서 있다. 손무는 당황했다.

「이거예요!」

그만두게 했지만, 소년은 손무의 말을 듣지 않는 버릇이 붙어 있었다. 그래서 계속해 말했다.

「햇빛이 내리쬐어 어지러운 여름날에도 뺨을 도려내는 찬바람이 부는 겨울에도 걸어다니며 조사한 것입니다. 대단한 것입니다. 저기에 산만큼 쌓여있는 것이 모두 그렇게 조사한 것들입니다.」

라며 책상 쪽을 가리켰다.

고개를 끄덕이며 듣고만 있던 오자서는 손무에게,

「선생님께서 겸손한 분이라는 것은, 전부터 들어 익히 알고 있습니다만, 먼 곳에서 온 저를 생각하여 그 연구한 것을 조금만 들려 주신다면 대단히 감사하겠습니다.」

손무는 곤란했다. 마음 약한 그로서는 부끄러운 일을 할 수가 없었다. 눈을 꿈벅거리며, 어떻게 거절해야 할까, 하고 생각했다.

　소년은 상을 한바퀴 돌아와, 잔에 술을 따르며 말했다.

「오자서님은 천하의 현명한 분입니다. 좋은 기회에 들려 주는 것이 좋지 않겠습니까?」

　손무는 또다시 생각하고 있었다.

　(아! 이 술을 마시고 용기를 내자!)

　손무의 손은 부지불식간에 잔으로 가 주욱 들이켰다.

　(또 한잔 그러면, 더욱 용기가 날 것이다.)

라며 또 마셨다.

　급히 결심을 굳혔다.

「그러면, 들려 드리지요, 기탄없는 비판을 부탁합니다.」

라고 말하고, 책상 위의 흰 비단 두루마리가 있는 곳으로 갔다. 그것은 모두 전쟁도였다. 가장 위의 것을 꺼내 펼쳐보니 장안 싸움의 일부였다. 이것은 광의 공적이 있는 이야기로, 아무래도 위험했다.

　둘, 셋 찾으니 언릉의 싸움도가 나왔다. 그것을 가지고 테이블로 돌아왔다.

　그 사이에 소년은 테이블 위에 적당히 기대고, 지도 펼치는 것을 돕고 있었다.

　지도를 펴고,

「이것은 언릉 싸움의 그림입니다.」

라고 말했을 때, 손무는 취해 있었지만 한 순간에 깨는 것 같았다. 술에 취해서는 정밀한 이론을 말하기에 적당하지 않다고 생각했지만, 말은 물이 흐르듯 계속됐다.

그는 말했다. 진나라 여러 장수가 초나라의 강력한 세력을 두려워하여, 자신없는 말을 하는 자가 많아졌다. 좀처럼 싸울 각오가 돼 있지 않은 것을 진후의 서로 복(復)괘를 얻어, 이것은 길조이며 대승리를 암시한다고 판단하여, 이윽고 싸움에 응하기로 한 것부터 말하기 시작했다.

그는 점괘와 운명과의 관계를 논하고 점괘와 전술과의 관계를 논했다. 언릉의 싸움은 진의 군대가 승리한다고 믿었기 때문에 싸움에서 이긴 것이라고 했다. 신들린 사람처럼 말을 잘했다. 교묘한 비유와 명문구가 줄을 달고 쏟아져 나왔다.

오자서는 한마디도 하지 않았다. 열심히 귀를 기울이고, 때때로 동의한다는 듯이 고개를 끄덕였다. 이 간단한 동작이 이쪽에 용기를 북돋아 주어, 이론은 더욱 예리해졌으며 교묘해졌다.

서툰 전투

　손무의 전쟁연구는 오로지 자기 흥미 때문이지, 다른 사람에게 말해 공감을 얻기 위해서가 아니다. 세상 사람들이 소문을 듣고 이러쿵 저러쿵 말해 와도, 거기에 대해서는 일체 언급하지 않았다. 진실로 흥미를 갖고, 의미를 묻기도 하지만, 때에 따라서는 겉치레 인사말이나 비양거리는 말이라는 사실을 알고 있기 때문이다.

　그러나, 오자서의 경우는 달랐다. 이 이름 높은 현인에게 자기의 가치를 있는 그대로 알려 주고 싶은 이상한 열정이 용솟음쳤다. 자기가 말하는 사실을 잘 알아들을 수 있는 상대라는 생각이 더욱 그를 말하고 싶게 만들었던 것이다.

술을 마시는 것도 잊은 채 자기 연구를 설명하기에 열중했다.

오자서도 또, 손무의 해박한 연구와, 예리한 관찰에 진심으로 경탄한 듯이, 찬사를 그치지 않았다. 밤을 지새우며 이야기 했으며, 다음날도 또 다음날도 이야기가 계속됐다.

오자서는 헤어지는 것을 안타까워하며 돌아갔다.

담론 중에 손무는 오자서가 공자 광의 이야기를 이제나 꺼낼까, 저제나 꺼낼까하고 기대했었다. 이야기를 꺼내면 참으로 곤란하다는 생각과, 이야기를 하지 않으면 안심이 안 된다는 생각이 반반이었다. 두려운 생각이 들면서도 피할 수 없는 심정이었다.

그러나, 오자서는 그것에 대해서는 한마디도 하지 않고, 물러갔다. 손무는 길까지 전송나와, 논길 사이로 멀어져 가는 그의 뒷모습에 아쉬워서 몇 번이나 손을 흔들었다. 집으로 돌아와,

(휴우….)

하고 가슴을 쓰다듬었다.

가담할 생각도 없었지만, 거절한다면 생명의 위협을 각오해야 하는 때를 기다리고 있는 자기의 마음이 자기로서도 이상했다.

　그러나, 이것으로 단정 지을 수는 없다. 지금은 아직 때가 아니므로 단지 준비하고 있는 것인지도 모른다.

　(무서운 사람과 뜻을 같이 하게 되고 말았구나!)

라고 탄식했지만, 그 무서운 사람에게 거부할 수 없는 대단한 매력이 있었기 때문에 더 이상 탄식할 필요도 없었다. 나는 지금까지 훌륭한 인물을 만난적이 없다. 내가 알고 있는 사람은 들판의 농부들뿐이다. 오자서 같은 사람을 만난 것은 철부지 소년이 절세 미인을 만나 친해지는 것과 마찬가지다. 라고 스스로 심리 상태를 파악해 보는 것이었다.

　같은 해 시월, 오와 초사이에 다시 평화가 무너져, 공자 광이 대장군으로서 초를 공격하게 되었다. 손무는 섬뜩하면서도, 반드시 오자서가 자기를 부르러 올 것이라고 생각했다. 그러나 오지 않았다.

　오군 국경인 소(巢 : 안휘성 소호 주변)에서부터 공격했지만, 대패하고, 공자 광은 부상 당하고 도망쳐왔다.

　초군은 돌아가는 길에 정으로 들렀다. 정에서는 무슨 일이냐고 물었다.

「전 태자 건의 어머니를 돌려 주시오.」

라고 초의 장군은 대답했다.

　태자 건은 성부에서 도망칠 때, 어머니도 함께 데리고

갔다.

정에서는 건이 초에서 미움받는 점이 더욱 동정이 갔기 때문에 무서웠다. 건을 죽여야 했던 이유를 말하고 여러 가지 귀중품을 주어 돌려보냈다.

〈건을 죽인 것에 대한 해명을 듣고 싶다.〉

라고 〈오월춘추〉에 나와 있다.

초는 건의 어머니를 영(郢)에 모셨는데 어머니는 영에 있기를 싫어하고,

「채(蔡)의 격(郹)에 있고 싶습니다.」

라고 말했다.

이 여인은 〈좌씨전〉소공 19년 기록에 의하면, 채나라 사람으로 격양(郹陽)의 관리의 딸이었다. 평왕(平王)이 아직 공자일 때 채는 초의 속국으로, 평왕은 총독으로 그 곳에 갔었다. 그 때, 평왕은 여인의 미모에 반해, 정식 예를 거치지 않고, 맞아들여 건을 낳았다. 결국 태어난 고향으로 돌아가고 싶어했던 것이다.

평왕은 지금 진의 젊은 여인에게 정신을 빼앗겨, 건의 어머니에게는 관심도 없지만, 애정이 없을 리는 없다. 그 마음을 불쌍히 여겨,

「뜻대로 해 주어라.」

고 허락하여, 격으로 가는 것을 승낙해 주었다.

손무는 계속해서 소에서의 싸움을 연구했다. 패인은 공자 광이 그의 계략을 발각당한데 있다.

싸움 전날 밤, 초군을 시켜 오군을 탐색할 때, 병사의 사기가 오르지 않아 광은 격분했다.

「내일 싸움에서, 나는 손수 군대를 이끌고, 선두에서 공격할 것이다. 모두 나를 따라 돌진하라!」

하고 전군에게 말했던 것이다.

초군은 국경 관문을 활짝 열어 두고 문 앞에 활 잘 쏘는 군사 수십 명을 배치하여, 선두에서 돌진해 오는 장수들을 쏘라고 명령했다.

날이 밝자, 오군의 군대가 요란한 말발굽소리와 함성을 지르며 돌진해 왔다. 군대 폭은 대단히 넓었지만, 곧 조금씩 오그라들어, 관문 입구로 돌진해 왔고, 대부분은 성문 좌우로 퍼져 성벽을 기어 올랐고, 마차를 세우고 그 위로 성벽을 뛰어넘어 오기도 했다.

광은 어제의 포고대로 선두에서 병사를 이끌고 왔다. 은색 빛나는 갑옷을 입고, 활을 쏘며 돌진해 왔다.

성문 안에서는 아무런 반응도 보이지 않고, 화살 쏘기에 알맞은 거리로 다가오기를 기다리다가 십여 명의 사수가 일제히 화살을 쏘았다. 반 이상이 명중하였으며, 광은 몸을 젖히며 말에서 떨어져 쓰러졌다. 마부는 눈

깜짝 할 사이에 방패를 들고, 말고삐를 돌려 돌아가려
했지만, 뒤에서 밀려오는 병사들 때문에 마차는 더 부서
질 뿐이었다. 마부는 필사적으로 미친 듯이 소리쳤다.

「공자가 부상당하셨다.! 길을 비켜라! 비켜!」

라고 절규했다.

이것이 오군의 투지를 잃게 하고 대혼란을 일으켜, 모
두 패주했다.

초군은 성 안에서 뛰어나와 추격했지만, 오군에게는
초군을 반격할 기력이 없었다. 단지 도망치고 도망칠 뿐
이었다.

만일 초군이 추격을 늦추지 않았다면 오군은 전멸하
고, 광은 죽음을 면할 수 없었겠지만, 초군은 계속 추격
하지 않고, 승리와 함께 병사를 거두어 들였다.

광이 맞은 화살은 일곱이었지만, 셋은 갑옷에 맞아 떨
어졌고, 둘은 투구에 맞았지만 몸에는 맞지 않았다. 화
살 두 개가 양쪽 어깨를 관통했다. 경동맥(頸動脈)을 맞
아 출혈이 많았지만, 급소를 맞지 않은 것이 그래도 다
행이었다.

손무는 싸움에 참가한 사람들에게서 자세한 이야기만
듣고, 그 곳으로 조사를 가지 않았다 여기는 오래 전에,
오가 처음으로 초를 배반했을 때 싸움이 있었던 곳으로,

그 후에 소(巢)의 반만이 오의 영토가 되었다. 그는 이미 이곳을 답사하여, 지형을 알고 있었던 것이다.

이 지역의 국경선은, 소를 가로질러 남북으로 갈라져 있다. 이 부로 일대는 저온 토지로, 가는 곳마다 연못이 있고 작은 샛강이 있었다. 이런 지대였기 때문에 국경선은 평지에서는 성을 구축하고 있지만, 대개는 강과 연못을 이용하여 만들어져 있다.

이런 지세에서 말과 마차로 싸움을 한다는 것이 손무가 볼 때는 잘못된 것이다. 지반이 약하기 때문에 기마전도 불가능하다. 절대로 보병대를 이용했어야 했다.

(기마전에 이길 수 있다는 것은, 굳은 땅이 필요하다는 생각부터가 잘못된 것이다. 중원의 여러 나라들이 옛날부터 말과 마차를 이용하는 것은, 중원 대부분의 토지가 광활하고 평지였기 때문이다. 이런 지세에서는 흩어지기 쉬운 기병이나 보병보다는, 쉽게 흩어지지 않고, 공격력이 강한 마차로 싸우는 것이 이롭기 때문이다. 이런 입장을 생각하지 않았기 때문에, 지세에 맞지 않는 마차로 싸움을 한 것이다. 수상 싸움에서는 배를 사용하지 않는가? 왜 그것을 생각하지 않았는가?)
라고 생각했다.

좀더 설명을 첨가하자, 맹자를 읽은 사람이라면, 개권

(開卷) 몇 행째에 나오기 때문에 알고 있겠지만, 마차 한
대에 병사 13명, 마부 25명, 보병 75명이 딸리게 된다.
결국 100여 명이 붙어있게 된다. 때문에 주(周)의 제도
에서 대제후의 일을 천대의 나라라고 하는 것은, 때에
따라서 마차 천대를 낼 수 있는 군사력을 지니고 있는
나라라는 뜻이다. 병사 10만 명을 내보낼 수 있다는 것
이다. 천자는 만대의 나라라고 하는 말도 이 뜻이다.

손무는 또 생각했다.

(공자 광이 사기를 올리기 위해, 내가 몸소 선두에 서
서 돌진한다. 나를 따르라하고 전군에게 포고하고, 선두
에 선 것은, 결코 나쁘지 않다. 병사의 사기가 떨어질 때
는 지휘관은 그렇게 해야 할 것이다. 장안에서의 전투에
서도 이번 전투에서도 공자 광은 명장임에 틀림없다. 잘
못된 것은 적의 첩자에 대해 경계하지 않았던 것이다.
여기에 비해 초군은 가장 교묘하게 첩자를 이용했다. 초
군이 승리할 수 있던 이유는 여기 있었다.)

손무는 마지막으로 결론을 내렸다.

(이 싸움은, 양군 모두 참으로 서툴렀다. 그런 지세의
토지에서, 모두 마차를 사용했기 때문이다. 서투른 싸움
이라도 싸움인 이상 승패는 있다. 초가 승리하고 오가
패했다. 패했다고는해도 내가 볼 때는 오의 장군 공자

광 쪽이 훨씬 유망하다. 병사의 사기를 올리기 위해 전
군의 선두에 서서 적진으로 돌진하는 용기는 천성인 것
이다. 장군으로서 얻기 어려운 소질이다. 게다가 싸움에
패한 이상, 광은 전술의 소홀함을 뼈저리게 느꼈을 것이
다. 반드시, 그는 이 패전을 계기로 하여, 크게 성장할
것이다.)

　손무는 이 싸움의 판단을 오자서에게 이야기하고 싶어
참을 수가 없었다. 만일 오자서가 방문해 오면, 틀림없
이 이야기 할 것이다. 그러나, 오자서는 오지 않았다.

　(말하면 질질 끌려다니며 곤란함을 겪을 수 밖에 없
다.)
라고 생각하고 자기가 찾아 가서까지 말할 생각은 없었
다.

　해가 바뀌어, 모심기도 바쁠 때, 갑자기 오자서가 찾아
왔다. 전에 방문했을 때로부터 1년 이상이나 지났다.
　손무가 소년을 데리고, 가장 멀리 떨어진 논의 모심기
를 돌아보고 있을 때, 저 편에서 오자서가 오고 있었던
것이다. 작년처럼 검을 등에 메고, 위가 구부러진 긴 지
팡이를 든 모습이었다.
「오랜만입니다.」

두 사람은 논두렁 길에서 적조했던 인사를 했다.

「댁에서 이 쪽으로 가라고 가르쳐 주었습니다.」

라고 오자서는 말했다.

손무는 부끄러워서 얼굴이 붉어졌다. 먼 곳에서 오신 손님인데, 사람을 보내든지, 사람을 딸려서 손님을 모시고 가도록 해야 했을 일이다. 손님 혼자 가라고 해서는 안 될 일이다. 아내의 짓이다. 이렇게 바쁠 때 찾아와서 방해가 된다고 생각했을 것이다. 그러나 손무는 아무말도 할 수가 없었다.

「이런 곳까지 오시게 하여 죄송합니다.」

라고 말할 뿐이었다.

「아닙니다. 좋은 날씨입니다. 모심는 풍경은 보기 좋습니다. 즐거워 보이고, 바쁘게 다니는 모습도 그렇고요.」

라고 오자서는 사심없이 대답했다.

손무는 서재를 치워두라는 소년을 먼저 보내고, 오자서와 함께 들길을 걸으며, 이야기하면서 집으로 왔다.

서재에는 술상이 차려져 있었다. 두 사람은 얼굴, 손발을 씻고, 상으로 가 앉자, 오자서는 곧 태도를 바르게 하고 말했다.

「술을 마시기 전에 먼저 얘기를 끝내고 싶습니다.」

기다리던 때가 왔구나! 가담해 달라는 말을 할 것 같아

가슴이 두근거렸다. 잠시 안정하고 나서,

「네?」

하고 잘 모르겠다는 표정을 지었다.

「오늘은 이전처럼 단순히 놀러온 것이 아닙니다. 선생님에게 부탁을 드리려고 왔습니다.」

오자서의 표정은 장중했다.

손무의 가슴은 더 요란하게 뛰었다. 그 말을 하러 온 것이 틀림없다고 생각했다.

「우선 말씀 하시지요. 제가 할 수 있는 일이 무엇인지….」

손무는 대답했지만, 그 소리는마치 다른 사람의 말처럼 자기 귀로 들려왔다.

「고맙습니다. 실은, 이번에 오나라는 또 초나라와 싸우게 되었습니다. 작년 초겨울 소에서의 싸움은 선생님도 잘 알고 계시겠지만 그 연속입니다. 그래도, 초는 이번에 그 속국인 돈(頓)·호(胡)·침(沈)·채(蔡)·진(陳)·허(許)의 여섯 나라를 함께 출병시켜 대단한 군대였습니다. 오는 이번에도 광 공자님을 대장군으로 결정했습니다만, 작년의 대패배 뒤라서 저는 매우 불안했습니다. 선생님을 공자님께 이야기했더니, 그런 분이 있다면, 꼭 모셔다가 작전 참모로 모시고 싶다고 말씀하셨습니다.

그래서 모시러 왔습니다. 꼭 청을 들어 주십시오.」

　정신없이 말을 모두 듣고 나서, 과연 이런 일로 왔구나, 하고 생각했다. 어떻게든 좋게 거절해야겠다고 생각했지만, 적당한 말이 떠오르질 않았다. 묘안이 떠오를 때까지 시간을 끌어야만 했다.

「초의 장군의 이름은!」

「원월(遠越)이라는 사람입니다.」

듣지 못하던 이름이었다.

「하대부(下大夫)입니다.」

라고 오자서는 대답했지만, 전혀 존경하는 어투가 아니었다.

　초나라 사람인 오자서는 초나라 인물은 잘 알고 있다. 이런 말투로 이야기한다면 대수롭지 않은 인물임에 틀림없다.

「전장은?」

「주래(州來) 주변이라고 생각됩니다. 적이 그 곳에 모여 있었기 때문에.」

　작년의 패전으로 오에서는 초로 첩자를 보냈다고 생각되었다.

　손무는 자리에서 일어나 책상에서 주래의 지도를 가지고 왔다. 처음으로 오가 초를 침략했을 때, 오는 주래를 공격했다. 그전도였다. 그것을 탁자에 펼쳐놓았지만, 순간 언뜻 생각이 떠올랐다.

「이것은 주래의 지형도인데 볼 필요도 없습니다. 또한, 제가 공자의 본진까지 가서 모실 필요도 없습니다. 저의 말대로 하시면 반드시 크게 승리하실 것입니다. 자, 한 잔 드시면서 말씀드리지요.」

하며 우길에게 눈짓했다.

우길은 두 사람의 잔에 술을 가득 따랐다.

몇 잔을 비우고 나서 손무가 말했다.

「초나라와 연합한 여섯 나라는 자진하여 출진한 것이 아닙니다. 초나라의 위력을 무서워하여 마지못해 한 출진이라도 대장군인 초나라의 원월이라고 하셨지요? 원월에게 위력이 있으면 결속이 단단한 강한 군단이 되겠지만, 원월은 하대부로서 위세가 당당하지 못한 보통 인물인 듯하니, 연합군은 수는 많지만 마음은 뿔뿔이 흩어진 오합지졸일 것입니다. 오군으로서는 군사를 나누어, 우선 적군 가운데 가장 약해 보이는 군단을 셋쯤 깨뜨려 부수는 것입니다. 세나라 군단이 격파되면 나머지 세 나라 군단의 마음은 술렁거리지요. 그렇게 되면 초나라 군단인들 어찌 조용할 수 있겠습니까? 반드시 흔들릴 것입니다. 이때 곧바로 밀고나가 단숨에 초나라 군단을 찌르면, 패하여 달아날 것은 정한 이치지요. 연합군측이 아무리 수가 많을지라도 결코 두려워해서는 안 될 것입니다. 오합지졸이 모인 것 뿐이니까요. 많으면 많을수록 약점이 큽니다. 이것을 싸움 전에 병사들에게 충분히 설명해 주어 납득시켜 두는 것이 좋을 것입니다.」

그리고, 또 이렇게 말했다.

「이 쪽의 계략을 행하기 쉽게 하기 위해, 선봉대는 앞의 대비를 허술히 하여 약하게 보이도록 하고, 가운데쯤부터 뒤쪽을 단단히 하여 적이 얕보게 하여, 충분히 가까이 간 다음 세게 쳐나가 단숨에 적을 허물어뜨리도록 함이 좋을 것입니다.」

오자서는 감탄하여 듣고 있다가 한마디 말했다.

「가르쳐 주신 것은 참으로 감복할 따름입니다. 아무튼 선생께서 직접 가 주셔서 본진에 드시어 지휘해 주셨으면 합니다.」

손무는 웃으며 손을 저었다.

「소인은 한낱 야인입니다. 게다가 병사를 이끌고 실제로 싸운 일이 없는 사람이오. 이것은 모두 머리 속에서 꾸며 본 일에 지나지 않소. 공자께서도 소인을 불러 주셨다지만 본심으로는, 책상위의 병법에 지나지 않는다고 생각하시는게 아닐까,하고 두렵기 이를데 없습니다.」

「그럴 리가 있겠습니까. 공자는….」

오자서가 얼른 가로막았으나, 손무는 이를 누르고 말했다.

「기다리십시오. 저의 말을 끝까지 들어 주십시오. 제가 지금 말씀드린 일은 저의 편견인지는 모릅니다. 그러나, 공자께서 진정으로 소인을 찾으신다 해도 다른 장수들은 어떻겠습니까? 백전 경험이 있는 사람들인 만큼, 경험없는 저를 결코 믿지 않을 것입니다. 그러니, 제가 지금 말씀드린 전략을 우선 시험해보시지요. 과연 효과가 있거든, 그 때 다시 의논하기로 하시지요.」

자신있는 전술이 섰으므로, 손무의 대답은 매우 쾌활하고 분명했다.

작은 소동

오나라와 초나라의 싸움은, 다음 달 주래에서 벌어졌다. 공자광은 손무가 세워준 전술대로 싸웠다.

선봉대로 하여금 먼저 호·침·진나라 세 군을 유인하고, 중군과 좌우 부대로 포위 공격했다. 세 군은 큰 혼란을 빚어 섬멸되었다. 수많은 전사자와 포로를 내고 호후(胡侯)·침후(沈侯)·진(陣)의 대부 하설(夏齧)이 전사했다. 세 나라 사령관이 모두 죽은 것이다.

이어서, 광은 포로들을 풀어서 적군 쪽으로 쫓아보냈다.

포로들은 허·채·돈나라 군대로 도망쳐 자기들 대장이 전사했음을 알렸다.

3국군은 하얗게 질렸다. 그 때, 오나라 군대가 밀려왔다. 큰북을 울리며 요란한 함성을 질렀다. 사기가 떨어진 3국군은 물거품과 같았다. 일시에 무너져 도망치기 바빴다.

그것을 보고 초나라 군대도 역시 무너지며 도망쳤다.

오자서는 이 전쟁에 참가하지 않고 오나라 도읍의 광 공자의 집에 묵고 있었는데, 오나라 군대가 승리하고 개선길에 올랐다는 말을 듣자 마중하러 떠났다. 도읍에서 며칠 걸리는 곳에서 광을 맞아 축사를 올렸다.

「고맙소. 그러나, 이것은 모두 선생 덕분이오. 선생께서 전해준 손무의 전술대로 했더니, 과연 들어맞은 거요!」

하고 광은 말하며 전투 경과를 상세히 전했다.

「선생이 권한 것이지만 사실 나는 불안했었소. 왜냐하면 손무의 계책이 너무 훌륭했기 때문이오. 나의 경험으로는, 전쟁이란 결코 이치대로 되지 않고, 언제나 예상 밖의 이치가 작용하는 것이었소. 그런데. 실행해 보니 정말 신통했소. 신산(神算)이라고 할 만하오. 더욱이 손무는 그 자리에 없었음에도 적군의 대장 이름과 구성을 들은 것만으로 곧 이 계책을 세웠던 거요. 신인(神人)이라고 할 만 하오.」

하고 손무의 전술과 인물을 격찬하고, 덧붙였다.

「그런 인물을 야인으로 두는 것은 정말 아깝소. 선생의 힘을 빌어 꼭 막하에 초빙하고 싶다고, 줄곧 생각하면서 돌아오는 길이오.」

자기가 소개한 손무의 전술이 큰 성공을 거두고, 손무가 이렇게까지 높이 평가된다는 것은 오자서에게 기쁜 일이었지만, 손무를 불러들이는 일에 대해서는 생각이 달라졌다.

오자서가 광에게 손무를 추천한 것은, 손무의 전술이 이렇게까지 신기한 것인 줄 몰랐기 때문이다. 그는 손무가 고금의 전사(戰史)를 연구하고 전술에 대해서는 조예가 깊다는 것은 알고 있었다.

그러나, 그 조예가 현실 전쟁에 응용했을 때 어느 정도 효력이 있을지 확신했던 것은 아니다. 의심했다면 지나친 말이 되겠지만, 아무튼 이처럼 훌륭한 효력이 있을 줄은 몰랐다.

그런 까닭에, 광이 손무를 부하로 삼더라도 별로 왕을 자극하지는 않으리라 생각하고 있었는데, 이만한 전술가라는 것을 알고나서부터, 왕이 자기 신하로 삼고 싶으니 양보해 달라고 할 것이 틀림없으며, 광으로서는 그것을 거절할 수 없을 것이 뻔했다. 오자서는,

(당분간 손무를 세상에 끌어내서는 안 된다.)

하고 생각했다. 오자서는 말했다.

「그 일입니다만, 때를 기다리는 편이 좋을 듯합니다. 지금 기용하시면, 전하의 도움이 되지 않고 왕의 도움이 되지 않을까 염려됩니다.」

공자 광은 그 말 뒤에 담겨진 뜻을 곧 깨달았다. 고개를 끄덕거렸다.

「알겠소. 그래서, 선생은 일부러 이 곳까지 마중 나왔구려.」

하고 웃었다.

(요왕에게 전쟁보고서를 올릴 때, 손무의 이름을 적지 않도록 충고하러 온 것이군.)

하는 뜻이었다.

공자 광은 마음 속의 그런 비밀을 오자서에게 밝히지 않았다. 그러나, 오자서가 그것을 알고 있음을 눈치챘다. 두 사람 사이에, 음모를 함께 하는 사람끼리의 가장 은밀한 우정이 통하고 있었다.

오나라 도읍에 도착한 날, 광은 전쟁보고서를 올리기 위해 대궐로 들어갔는데, 손무의 이름도 오자서의 이름도 적지 않고, 자기 지략에서 나온 전술인 것처럼 써서 전투 상황을 보고하여 요왕으로부터 칭찬을 들었다.

한편, 광은 손무에게 오자서를 보내어 많은 금옥과 주옥과 함께 정중한 고마움의 말을 전했다.

손무는 그런 재물이나 감사보다도 자기가 세운 전술이 훌륭하게 효과를 거둔 것이 기쁜 모양이었다.

주래의 지도를 펴 놓고 적과 아군 진지의 배치를 묻고, 전투 경과를 낱낱이 캐물었다.

상세한 이야기는 들었지만, 확실히 기억하지 못하는 오자서는 말이 막혔다.

(세상에는 별난 사람도 있구나.)

하고 생각했다.

(이렇게 미친 듯이 열중하기에, 이 사나이는 그만한 전술가가 되었으리라.)

그 해 초가을, 지난 겨울부터 채나라 격(郹)에 있게 된 초나라의 전태자 건의 어머니가 오나라 왕에게 밀서를 보냈다.

(나는 지금 초나라에서 주는 돈을 받아 이 곳에서 지내고 있으나 무척 불쾌합니다. 까닭은 말하지 않아도 아실 것입니다. 바라건대, 나를 오나라에서 받아 주시지 않겠습니까? 만일, 이 청원을 받아 주시겠다면 내가 손을 쓰겠습니다.)

오나라 요왕은 승낙한다는 뜻을 알리고, 사자를 돌려 보낸 뒤, 광을 불러 방법을 의논했다.

「국경 지대에 군사를 증강하고, 건의 어머니에게서 연락 닿는 대로 군대를 들여보내면 될 것입니다. 나에게 맡겨 주시면 잘 처리하겠습니다.」

광은 대답했다. 요왕은 그 일을 광에게 맡겼다.

광은 몸집도 건강하고 용기도 뛰어난 군사 천명을 골라, 관문 수비라는 명목으로 채나라에서 가장 가까운 국경 관문에 파견했다. 며칠 뒤, 광도 그 곳으로 가서 몸을 숨겼다.

초겨울에 부인에게서 연락이 왔다.

채나라에 주둔하고 있는 초나라 군대 사령관 원월은 채후(蔡侯)에게 초대되어 북쪽 사하(沙河) 근방으로 사냥을 떠나서 며칠 돌아오지 않으리라는 것이었다. 그리고, 길 안내인을 보내왔다.

광은 곧 출동했다. 전거 10대를 몰고 격양(郟陽)으로 들어갔다. 부인은 차비를 마치고 기다리고 있었다. 부인을 맞아들인 다음, 관가와 부자집에 쳐들어가 재물과 금은을 빼앗아 돌아왔다.

바람같이 습격하고 바람같이 물러났던 것이다.

원월은 사하 근방 사냥터에서 급보를 듣고 급히 돌아

와 군사를 이끌고 쫓아갔으나, 오군의 퇴각이 너무나 빨랐으므로 쫓을 수 없었다.

「내 운명은 다 되었다!」

원월은 한탄하고 자살을 결심했다.

부하들은,

「그만한 결심이라면 죽음은 한 번 뿐입니다. 죽기를 각오하고 오나라를 공격하는 것이 어떻겠습니까?」

「나는 주래 전투에서 패했다. 만일 이번에도 패한다면 두 번 실수를 거듭하게 된다. 대왕의 군사를 두 번씩이나 잃는다면 죽음으로서도 속죄할 수 없다. 지금 나는 죽을 수 밖에 없다.」

하고 목을 매어 죽어 버렸다.

그 후, 오나라와 초나라 사이에 불화가 계속되었지만, 별일 없이 2년이 지나갔다. 2년째 봄, 묘한 일로, 두 나라 사이에 다시 싸움이 붙었다. 초나라의 비량(卑梁)씨는 씨족끼리만 마을을 이루어 살고 있었다. 장강을 바라보는 오나라와 초나라의 경계에 있는 땅에서 살았다.

이 고장 아가씨들이 뽕을 따러 나갔다. 이 뽕나무는 밭에 키운 것이 아니라 재생 뽕이었던 모양이다. 이 시대에는 그런 뽕나무가 많이 있었다.

뽕따는 철이었으므로, 오나라 쪽에서도 아가씨들이 뽕

을 따러 나왔다.

두 나라 아가씨들은 노래부르고 떠들고 웃고, 서로 농을 하면서 뽕을 따는 동안에 두 나라 접경에 나 있는 뽕나무로 왔다.

「이 나무는 우리나라 거야. 왜 너희들이 따지?」

「무슨 말이야! 이건 우리나라 거야. 옛날부터 정해져 있는걸!」

「어느 옛날이지? 지난 해도 나는 땄는걸.」

「그렇다면 넌 도둑이야!」

「도둑이 다 뭐야! 남의 것을 자기 것이라고 말하는 너야말로 도둑이야.」

하고 말다툼하다가, 서로 붙잡고 싸우는 큰 소동이 벌어졌다. 두 나라 아가씨들은 소리소리지르며 얼굴을 할퀴고 머리칼을 쥐어뜯고 깨물고 발길질했다.

아가씨들 가운데에서 달려가 이 일을 알린 사람이 있었다. 아가씨들의 가족이 뛰어나오고, 마침내 온 마을이 출동하여 전쟁 같은 소동으로 번졌다.

이것이 초나라 도읍에 알려지자, 초나라는 군선(軍船)을 출동시켜 장강으로 내려가, 오나라 땅을 노략질했다. 큰 일이 벌어졌다. 이 고사(故事)에 연유하여 중국에서는 작은 일에서 큰 소동으로 번지는 것을 〈 비량(卑粱)

의 혼(釁)〉이라고 부르게 되었다. 혼의 본뜻은 〈틈새기〉이다. 사이가 나빠진다는 뜻이 된다.

오나라 왕은 화가 나서, 보복하라고 광에게 명했다.

「좋습니다. 궁리해 보겠습니다.」

광은 물러나오자 오자서를 불러 의논했다.

오자서는 손무에게 의논했다.

「소와 종리의 현에 기습하여 점령하는 것이 좋겠습니다. 이 두 현은 지세가 습하고 전거를 보내기가 불편한 곳입니다. 보병으로 침입하여, 늪지대나 내가 있으면 부근 민가를 부수어 뗏목을 만들어 건너면 됩니다. 그 지방은 지세를 믿는 탓에 경비가 퍽 소홀합니다. 아마, 며칠 걸리지 않아 점령할 수 있을 것입니다.」

손무는 즉석에서 전략을 세워주었다.

초겨울에 광은 군을 두 패로 나누어 소와 종리에 기습하여, 며칠 안에 점령해 버렸다.

이 점령은 너무나 빨리 이루어졌으므로, 초나라는 오나라를 두려워하여 도읍인 영(郢)의 성벽을 견고하게 쌓았다.

이듬해, 초나라의 백비(伯嚭)라는 인물이 망명하여 오나라에 왔다. 그의 아버지는 비무기(費無忌)의 참언으로 죽음을 당했다.

　백비의 할아버지 백주리(伯州犁)는 초나라 좌윤(左尹)이었다. 좌윤은 상대부(上大夫)벼슬이다. 그의 아들, 즉 백비의 아버지인데 이름은 극완(郤 宛)이었고, 평왕(平王)의 총애를 받은 사람이다. 극완과 함께 있으면 평왕은 심심한 것을 몰랐다.

　권세욕에 미친 사람이며, 따라서 병적으로 질투가 많은 비무기는 그것이 몹시 샘났다. 간계를 꾸며, 비무기는 어느 날 평왕에게 말했다.

　「대왕께서 극완을 좋아하시는 것은 나라 안에 누구도 모르는 사람이 없습니다. 한 번 극완 집에서 주연을 베풀어 주심이 어떻겠습니까? 극완도 영광으로 생각할 것입니다. 신하들도 대왕님의 극완에 대한 두터운 총애를 알고 충성을 더할까 합니다.」

　「좋겠군.」

　평왕은 극완의 집에 술과 안주를 보냈다.

　「그대 집에서 주연을 베풀겠다.」

　극완이 감격하여 준비를 하고 있었는데, 어느 날 비무기가 극완을 불렀다.

　「대왕께서 귀공 집에 행차하실 날이 가까운데 준비는 되었소?」

　「덕분으로 착착 진행되고 있습니다.」

「그것은 좋은 일이오. 그런데, 한 가지 좋은 것을 가르쳐 줄까요. 알다시피, 대왕께서는 대단히 용맹스런 분으로 무사(武事)를 퍽 좋아합니다. 그러므로, 대왕께서 행차하시는 날에 당신이 무구와 병기를 당 아래나 문 앞에 진열한다면 대왕께서는 더할 바 없이 기뻐하실 거요.」

평왕이 무사를 좋아하는 것은 사실이었으므로 극완은 곧이 곧대로 믿었다.

「좋은 말을 들었습니다. 곧 그렇게 하지요.」

하고 돌아갔다.

드디어 그 날이 와서, 평왕은 왕궁에서 떠나 극완의 집에 들어서니 당 아래와 문 앞에 견고하게 투구 갑옷을 입고 무기를 든 군사들이 삼엄하게 정렬해 있는 것처럼 보였다. 진열한 무기가 그렇게 보였던 것이다.

왕은 놀라서 비무기에게,

「대체 저건 어떻게 된 일이오?」

하고 묻자, 비무기가 말했다.

「심상치 않습니다. 반역을 꾸미고 있는지 모릅니다. 급히 돌아가심이 안전할 듯합니다.」

「나도 그렇게 생각한다.」

평왕은 수레를 돌려 질풍처럼 대궐로 돌아갔고, 군사를 풀어 극완을 죽였다. 그래서, 극완의 아들 백비는 나라를 몰래 빠져나와 오자서를 믿고 오나라에 온 것이다.

몇 십 년 뒤에, 오자서는 백비 때문에 함정에 빠져 뜻하지 않은 죽음을 당하는데, 이 때는 비무기로 인해 자기와 같은 비운에 떨어진 것을 불쌍히 여겨, 공자 광에게 추천했다. 광은 오자서와 마찬가지로 영지 한 곳을 백비에게 주었다.

2년 후, 초나라 평왕이 죽었다.

초나라에서는 누구를 대왕으로 세울 것인가 의논했다. 서열대로 하자면, 평왕이 진나라 공주에게 낳게 한 진(珍)이 태자로 책봉되어 있는 탓으로 그를 세워야 하겠지만, 이의를 제기하는 자가 있었다. 장군 자상(子常)이 그 대표자였다.

「진 전하는 아직 어립니다. 게다가 전하의 어머님은 본디 전 태자 건의 부인이 될 사람이었는데 전 대왕이 빼앗아 자기 왕비로 삼으셨습니다. 그런 내력으로 태어난 분이므로 백성들의 마음도 개운하지 않으리라고 생각합니다. 무엇보다도 다른 나라들에 알려지면 거북합니다. 영윤(令尹)으로 있는 자서(子西)를 세우는 것이 어떻겠습니까?」

하고 주장했다.

자서는, 평왕의 의붓동생이며 현명하다는 평이 있었으므로, 바야흐로 그렇게 결정되려 했다.

그러나, 자서는 의리를 존중하는 인물이었다.

「나라에는 상법(常法)이 있습니다. 상법을 지키지 않음은 그릇된 일입니다. 그런 일이 있으면 나라는 반드시 혼란을 일으키고, 나 역시 죽게 됩니다. 사양하겠습니다.」

하고 고집했다.

이의를 제기했던 자들도 어쩔 수 없었다. 진이 왕위에 올랐다. 소왕(昭王)이다.

오자서는, 이 소식을 진택(震澤)에 있는 자기 집에서 들었다. 알려준 사람은 광이었다. 오자서는 승의 거실에 들어갔다.

승은 이 무렵 진택에서 낚시질에 흥미를 느껴 열중해 있었다. 오자서가 집에 있을 때는 조심했지만, 없을 때에는 날마다 낚시질을 했다. 낚싯대를 던져 물에 드리운 채 즐기고 있었다.

승은 낚싯대를 놓고 거북한 듯이 미소를 띠었다. 그러나, 오자서의 모습이 매우 엄했으므로 얼른 미소를 감추었다.

승은 14살이다. 키는 어른 가운데도 큰 사람 정도가 되

지만, 근육은 아직 허약하고 얼굴에는 어린 티가 남아
있었다.

오자서는 승과 마주 앉아서 말했다.

「평왕이 죽었습니다. 우리는 아직도 뜻을 이루지 못했
습니다. 이제 초나라로서는 우리 존재가 걱정거리는 되
지 않습니다.」

어둡고 엄한 표정이 승을 놀라게 했지만, 오자서의 말
이 마음을 울리지는 않았다. 말뜻을 몰랐던 것은 아니
다.

승은, 자기가 초나라 왕손이며, 평왕이 자기 할아버지
라는 것을 알고 있었다. 또한, 그 할아버지가 아버지의
비가 될 진나라 공주를 빼앗아 사랑에 빠지고, 이미 태
자로 정해진 아버지 건을 죽이려고 했으며, 그래서 아버
지는 초나라에서 망명하지 않으면 안 되었던 사실도 알
고 있었다. 아버지가 정나라에서 죽음을 당한 내력도 알
고 있었다.

오자서를 따라 정나라에서 도망칠 때의 무서움이나 고
생도 아직 기억하고 있었다.

「아버님을 죽인 것은 정나라 사람이지만, 죽을 수밖에
없는 처지에 빠뜨린 것은 평왕입니다. 평왕은 왕자님의
할아버지입니다만, 아울러 아버님의 원수입니다. 그것

을 잊어서는 안 됩니다.」

하고 오자서는 기회 있을 때마다 들려 주었다.

　그러나, 승으로서는 오자서의 말 뜻을 이해할 수 없었다.

모 의(謀議)

승의 심중은 이러했다.

아버지 건이 초나라에서 망명하지 않을 수 없었던 것은 할아버지 평왕의 처사에 따른 것임은 말할 것도 없다. 그러나, 아버지가 정나라 사람에게 죽음을 당한 것을 그 발단까지 거슬러 올라가, 할아버지 탓으로 돌려, 할아버지를 원수로 삼는 것은 납득할 수 없었다. 더 거슬러 올라가면 할아버지에게 그렇게 시킨 비무기나 진나라 공주가 낳은 왕자야말로 원흉이 아닐가, 하고 생각했다.

다만, 그런 심중을 나타내면 오자서가 몹시 화낼 것 같았으므로, 잘 알겠노라는 얼굴로 잠자코 있었을 뿐이었다.

　이러한 승에게는, 평왕이 죽은 일이, 자서가 말하듯이 억울한 일로는 여겨지지 않았다. 물론 그리운 기분도 없었고 슬프지도 않았다. 그 모습에 대한 기억조차 없었으니, 귀여움을 받은 기억도 없었다.

　(드디어 돌아가셨구나! 나이는 몇일까?)
하고 생각할 정도였다.

　눈길을 떨어뜨리고, 승은 멀건히 낚싯대 손잡이 부근을 보고 있었다.

　오자서는, 승의 모습을 바라보다가 벌떡 일어나 방에서 나가 자기 거실로 들어갔다. 벽을 향해 서 있노라니, 갑자기 뜨거운 눈물이 넘쳐 흘렀다.

　(서둘러야 해. 서둘러야 해. 서두르지 않으면 모두 죽어 버린다.….)

　꽉 문 어금니 사이로 이렇게 중얼거렸다.

　오자서는 도읍으로 가서 광을 만나고 초나라를 쳐야 한다고 설득했다.

　「초나라는 평왕이 죽고 새 왕이 앉았습니다만, 새 왕은 아직 어린데다가, 그 즉위에는 아시다시피 사정이 있으며 민심을 얻지 못하고 있습니다. 이를테면, 주군은 어리고 신하들이 서로 의심하고 있다고 보겠습니다. 치면 반드시 이길 수 있습니다.」

광은 맑게 갠 가을 하늘을 창너머로 보며 말했다.

「초나라는 상을 입고 있는 중이오. 군자는 사람의 약함을 노려서는 안 된다고 하지 않았소.」

여느 때와는 달리 마음내켜 하지 않는 대답이었다. 오자서는 광을 찬찬히 보았다. 광은 열적은 듯이 웃으며 말했다.

「연릉에 계자가 있소. 결코 찬성하지 않을 거요. 계자가 반대한다면 왕도 승낙하지 않을 거요. 왕도 계자의 뜻을 무시할 수 없는 입장에 있소. 게다가, 나도 조금 피곤하오. 싸운다면 내가 가게 될 테니까요.」

광의 모습은 정말 피곤해 보였다.

(이 사람이 속뜻을 이루어 왕이 될 때까지 초나라 공격을 역시 기다려야 한단 말인가.)

하고 오자서는 생각했다.

자서는 자기 거실로 들어갔다. 이 저택에 머물 때를 위해 방이 하나 마련되어 있었다.

자서는 방 한가운데 털썩 주저앉아 수염을 만지며 생각했다.

(몇 년이나 나는 기다려야 하는 것일까? 결국 나는 뜻을 이루지 못하고 끝나는 것이 아닐는지….)

이렇게 생각하자 다시 눈물이 쏟아졌다.

그러자 그 때, 하늘에서 알려 주는 듯이 가슴에 번쩍 떠오르는 생각이 있었다.

눈길을 몇 자 앞 허공에 못박고, 그 생각을 쫓았다. 몇 번인가 으음, 으음, 하고 고개를 끄덕이다가 이윽고 일어나 다시 광의 거실로 갔다.

거실 가까이의 시신들 대기소를 들여다보고,

「내가 다시 한번 뵙고 싶다고 전해 주시오.」

하고 부탁했다.

광은 미소지으며 자서를 맞았다. 그리고, 자서가 말을 꺼내기 전에, 시신들에게 잠시 자리를 비우라고 일러서 사람들을 내보냈다.

「실은, 이제 올 때쯤 되었다고, 기다리고 있었소.」

하고 말했다. 아까와는 달리 기분이 좋아보였다.

자서는 자신의 생각이 들어맞았다는 것을 느꼈다.

「새삼 말씀드릴 필요는 없다고 생각합니다만, 다짐을 두기 위해 저의 심중을 말씀드리겠습니다.」

하고 곧장 핵심을 찔렀다.

「계찰(季札)공자를 다시 사자로 내보내 주십시오. 지금 중원 여러 나라 형세는 상세히 살펴보아야만 하게 되어 있습니다.」

광은 잠자코 끄덕거렸다.

「공자 경기(慶忌)는 어느 나라에든 볼모로 보낼 수 있을 것입니다.」

경기는 요왕의 맏아들이다. 근골이 건장하고, 용기가 뛰어나고, 사냥에 나가면 도망치는 들짐승을 달려가 쫓을 수 있었고, 날아가는 새도 뛰어올라 손으로 잡고, 어느 때는 사두마차와 경주했는데도 지지 않았다. 또 어느 때는, 장난으로 활 과녁이 되었는데, 날아오는 화살을 손으로 받아 몸에는 얼씬도 못하게 했다고 〈오월춘추(吳越春秋)〉에 나와 있다. 지혜가 밝은 사람이었다.

이런 사람이 요왕 측근에 있으면 광으로서는 어쩌지 못한다. 광은 괴로운 빛을 떠올리며 고개를 끄덕였다.

자서는 계속 속삭였다.

「이상의 일을 하고 나서, 전하는 병이라고 거짓 꾸미시면 됩니다. 중병이어야 합니다. 병으로 인해서 중임(重任)은 맡기 어려운 정도의 병 말입니다. 그러면, 초나라를 치는 장군에는 싫더라도 개여(蓋餘)나 촉용(燭傭)이 임명될 것입니다.」

이 두 사람은 요왕의 형제다. 경기를 빼고서는 요왕과 가장 가까운 육친이다. 광은 고개를 끄덕이고 말했다.

「선생의 계책은 매우 좋은 것이지만, 어려움은 그것을

212 / 소설 孫子兵法(1)

어떻게 실천하는가에 있소. 만일 조금이라도 의혹을 받게 된다면 모든 일이 무너질 뿐 아니라, 모두가 파멸합니다.」

「연구하겠습니다. 요컨대, 자연스럽게 해 나가면 됩니다. 자연스럽게 해 나가려면 현재의 정세를 이용하는 것이 가장 좋습니다. 쉬운 일입니다.」

「그러면, 이것으로 대충 결정되었소. 나머지는 차차 연구해주기 바라고, 오늘은 힘껏 마시기로 합시다?」

하고 제의했으나 자서는 머리를 저었다.

「마시는 것은 모든 것이 성공한 다음이 좋겠지요. 그편이 즐거울 것입니다. 이런 일은, 자주 만나면 자연히 사람의 의심을 사서 드러나게 됩니다. 오늘 안으로 결정하십시다.」

하고 한시간 가량 더 밀의한 뒤에 물러났다.

이튿날 오자서는 진택으로 돌아갔다.

그 무렵 중원 땅은 계속 소란스러웠다.

먼저, 노나라의 경우 그 무렵 노나라에서는 세력 있는 집안이 셋 있었다. 8대 전의 환공(桓公)의 아들을 선조로 하였기에 삼환(三桓)이라고 불렀다. 맹손(孟孫)씨, 숙손(叔孫)씨, 계손(季孫)씨이다. 그 계손씨와 숙손씨가 공모하여 소공(昭公)을 나라에서 쫓아냈다. 소공은 제(齊)

나라로 몸을 피해 경공(景公)에게 보호받았으므로, 제나라와 노나라 사이에 싸움이 붙었다. 제나라가 이겼다. 경공이 소공을 노나라에 귀국시키려 하자, 제나라 중신들은 노나라의 계손씨로부터 뇌물을 받고 귀국을 막았다.

  소공을 위해 일해준 것은 제공(齊公)뿐이 아니었다. 송(宋)나라 원공(元功)은 진(晋)나라의 힘을 빌어 소공을 귀국시키려 했고, 노나라에서도 숙손씨의 당주인 소자(昭子)는 주군을 쫓아낸 것을 뉘우치고 제나라에 와서 소공에게 사죄하고 자기 나라에 받아들이겠다고 약속했다. 그런데, 송나라 원공은 진나라에 가는 도중 병으로 죽고, 숙손소자는 맹손씨와 계손씨의 반대에 부딪쳐 약속을 지킬 수 없었음을 부끄럽게 여겨 자살했다.

  제나라 중신들이 경공에게 설명한 논거는 여기에 있었다.

「이렇게 노나라 소공을 위해 힘쓴 사람은 둘 다 죽었습니다. 하늘은 이미 노나라 소공을 버린 것이 아닌가 생각됩니다. 아마 노나라 소공은 죄를 귀신에게서 입은 듯합니다. 잘 양찰하시기 바랍니다.」

하고 아뢰었다. 자칫하다가는 자신의 목숨도 위험하다고 겁을 주었던 것이다.

경공은 기분이 나빠서 일을 중지했다.

소공은 제나라를 떠나 진나라로 가서 진나라 힘으로 노나라에 귀국하기를 부탁했으나, 계손씨는 다시 진나라의 중신들에게 뇌물을 주고 덮어 버렸으므로 진나라도 소공의 부탁을 들어주지 않았다. 소공은 진나라의 건후라는 곳에서 쓸쓸히 지내고 있었다.

한편, 주나라 황실에서 상속 다툼이 몇 년 동안 계속되었는데, 그 무렵 진나라 힘으로 겨우 가라앉고 경왕(敬王)이 대왕자리에 앉았으나 경쟁에서 패배한 조(朝)왕자는 남은 무리를 이끌고 초나라에 가서 줄곧 경왕의 욕을 여러나라에 퍼뜨렸다.

광은 조의에서 중원의 이런 형세를 말하고 상세히 알아볼 필요가 있다고 주장했다. 여러 중신들과 대신들은 모두 찬성했다.

이렇게 되면 계찰이 그 사절로 선출될 것은 더 제의할 필요도 없었다. 중원 여러 나라에 때때로 사절로 갔으며 그 교양의 깊이와 인물의 고아함으로써 제후와 그 중신들에게 존경 받는 계찰 이상의 적임자가 있으리라고는 오나라 사람들로서 생각할 수 없는 일이었다.

요왕은 계찰을 연릉에서 불러올려 사절로 임명했다.

훨씬 전부터 위나라에 볼모로 가 있는 왕족의 한 사람

이 돌아가고 싶다는 뜻을 알려왔으므로 볼모도 이번에 바꾸어 보내면 어떨까, 하고 광은 제의하고 이 일에 경기를 추천했다.

「그 공자는 인품이 훌륭하며 더욱이 그 무용은 천하에 다시 없다고 합니다만, 장차 오나라 왕이 되기에는 무용만으로는 부족합니다. 위나라 무왕(武王)의 동생 강숙(康叔)의 후손입니다. 주나라 왕실이나 노나라 후실(侯室)도 혼란을 빚고 있는 오늘날, 주나라의 예물과 문화를 배우기 위해서는 위나라밖에는 없습니다. 또한 위나라는 진나라와 제나라 사이에 있으니 두 강국의 외교 절충 따위를 보기 위해서도 가장 편리한 땅이라고 생각합니다. 공자가 그 곳에 몇 년 머물러 있는 것은 공자를 위해서이며 그리고 오나라의 이익도 될 것입니다.」

중신들이 찬성하자 요왕은 결정했다.

10월, 계찰은 오나라를 출발하여 먼저 제나라로 향했다. 서쪽을 향하여 차례로 여러 나라를 돌아볼 예정이었다.

뒤이어 경기도 출발했다. 젊은 경기는 문화의 꽃이 화려하게 피어 있다는 위나라에 간다고 기쁜 마음으로 출발했다.

연말이 가까울 무렵부터 광은 건강이 나쁘다는 핑계로

정해진 출사에도 곧잘 빠지게 되었다. 왕도 중신들도 걱정하여 문병하는 사람들을 보냈고 심지어는 요왕 스스로 문병하러 가기도 했다.

광은 문병하러 온 사람들을 반드시 만나고 인사했다.

「대단하지는 않소. 전날 감기를 앓고 난 후로 몸이 나른하고 기력이 없을 뿐입니다. 이렇게 염려해 주시니 죄송합니다.」

사실 대단하지는 않은 듯이 보였다. 얼굴빛이 흐리고 뭔가 울적해 보였는데, 결국은 종종했으며 때로는 출사하기도 했다.

새해를 맞아서부터 오나라 도읍에서는,

「초나라를 쳐야 한다. 초나라는 지금 상을 입고 있을 뿐만 아니라 새 왕의 즉위에 복잡한 사연이 있고 중신들의 마음이 일치하지 않고 있다. 말하자면 주군은 어리고 사람들은 서로 의심하고 있다. 이 기회를 이용해야 한다.」

는 의견이 누가 말했는지도 모르게 여러 입에 올라 있었다. 중신들은 물론이고 일반 관리나 서민들까지 떠들어 댔다. 장터 앞이나 거리 모퉁이에서 짊어진 짐을 내려놓고 서로 얼굴을 맞대고 열을 올리며 이야기하는 모습을 곧잘 볼 수 있었다.

  이른 봄날의 햇빛은 그들의 입에서 튀어나오는 침을
반짝거렸고, 그들 둘레에는 언제나 몇 사람, 때로는 몇
십 명씩 모여들어 귀기울이고 있었다.
  마땅히 이것은 조의의 의제가 되었으며 만장일치로 출
병이 확정되었다.
  광은 이 회의에 출석했으나,
「저는 병약한 몸이니 여러분의 의견에 따르겠소.」
하는 말만 했을 뿐, 전혀 발언하지 않았다. 그러나, 계산
한 대로 일이 진행되어 개여와 촉용이 장군으로 임명되
었다.
「이번 같은 좋은 기회에 출진할 수 없는 것은 매우 안
타까운 일이며 저의 불운을 한탄할 수밖에 없습니다. 이
것은 저의 한몸의 일에 지나지 않을 따름입니다. 오나라
입장에서 보면 두 장군은 정말 훌륭한 인물입니다. 반드
시 큰 승리를 거두어 대왕님의 무명(武名)을 천하에 떨
쳐 주기를 바라며 축복드립니다.」
  2월 중순, 두 공자는 군사를 이끌고 오나라 도읍에서
출발하여 초나라로 침입하여 잠(潛)을 포위했다. 잠이라
는 것은 〈좌씨전〉기술이고, 〈사기〉에서는 육(六)심(灊)
이라고 되어 있다. 잠과 심은 이름만 다를 뿐 실상은 같
은 곳이며 지금의 소호(巢湖) 서쪽으로 이어진 서성현

(舒城縣)과 곽산현 근방이다.

육(六)은 그 북쪽에 인접한 육안(六安)이다. 둘 다 안휘성(安徽省)의 거의 중앙이며 소에 인접해 있으므로 소에서 들어가 양군으로 나뉘어 이 두 도읍을 포위했으리라.

급보가 초나라 도읍에 알려지자 초나라에서는 큰 소동이 벌어졌다. 서둘러 3대의 군을 조직했다. 그 가운데 한 부대는 영에 살고 있는 향사들과 왕실의 군마 담당자들로 조직되었다고 하니 의용군이리라. 한 부대는 수군이었다.

의용군은 육로로 육으로 진격하고, 육 부근의 궁곡(窮谷)에서 오나라군과 마주쳤는데, 수비를 굳게 하고 싸우려 하지 않았다. 이것은 오나라군의 주의를 끌기 위한 양동작전이었다.

한편, 정규군은 배를 타고 장강으로 내려가 사예(沙汭)까지 갔으며, 그 곳에서 상륙하여 잠을 향해 동남쪽으로 오나라군과 대치했다. 오나라군의 퇴로를 막은 것이다.

아무튼 오나라 군대는 본국과의 연락이 끊기어 돌아갈래야 돌아갈 수 없게 되었다.

이보다 조금 전에 광은 오자서를 불러 말했다.

「당읍에 있는 전제를 불러 주기 바라오. 아마 시기가 찾아 온 것 같소.」

「과연 그대로입니다. 데리고 오지요.」

자서는 장강을 건너 북쪽으로 향했다.

전제가 광과 사귄 것은 물론 오자서의 소개를 받아서였다. 처음에 이 교제를 전제는 귀찮게 여겼다.

「비천한 야인이 어떻게 전하와 사귈 수 있겠습니까. 그대로 저를 내버려 주시기 바랍니다.」

하면서 교제를 피하려고 애썼다. 의리를 알고 게다가 용기있는 가난한 사람이 권세있는 귀인과 교재를 맺으면 언젠가는 몸으로써 그 우정에 보답하지 않으면 안 될 결과가 된다는 것을 전제는 잘 알고 있었다.

그러나, 전제의 태도가 그럴수록 광은 전제를 후하게 대해주고 때에 따라 많은 선물을 보냈다. 전제는 그것을 받지 않고 되돌려 보냈으나, 어느 날 자기가 없는 틈에 광에게서 보내온 진귀한 과일을 어린애가 하나 먹어 버렸다. 외출했다 돌아온 전제는 그것을 알고 어린애를 안아올려 물끄러미 얼굴을 보며,

「너는 아버지를 죽이려 하느냐?」

하고 중얼거렸다.

그 때부터, 보내오는 선물은 그대로 받았으며, 무엇인가 용무가 있어서 오나라 도성에 올라갈 때는 반드시 광의 저택에 들렀다.

그러나, 이 쪽에서 선물을 보내는 일은 절대로 없었다. 이것이 그 무렵의 임협도(任俠徒)의 방식이었다. 은혜는 나중에 보답한다. 빚은 조금씩 갚지는 않는다는 마음자세였다.

여러 날 걸려 당읍에 도착한 오자서는 전제의 집을 방문했다.

차츰 농사일이 바빠질 무렵이어서 전제는 외양간 앞의 아지랑이 아른거리는 햇볕에 멍석을 깔고 농기구를 손질하고 있었다. 가래나 쟁기의 녹을 닦거나 못을 박아 헐거워진 곳을 고치고 못줄을 풀기도 했다.

부지런히 일하고 있는 그 옆에 5살 난 셋째아들과 3살 난 막내딸이 있었는데 아버지 흉내를 내어 돌멩이로 농기구를 탁탁 두드리며 녹을 닦고 있었다.

문으로 들어오는 자서를 먼저 발견한 것은 여자아이였다. 이 딸은 자서를 알고 있었다. 어린아이였지만 여자애다운 수줍음을 보이며 아버지의 소매를 잡아당겨 알려 주었다.

「아니, 이건….」

전제는 일어나 따뜻한 흙을 맨발로 밟으며 자서 쪽으로 걸어갔다.

「오랜만입니다.… 잠깐 기다리십시오.」

하고 자서는 어린애들을 손짓으로 불러 손에 쥔 떡봉지
를 주었다.

「저 앞의 가게에서 먹어 보았더니 대단히 퍽 맛있었소.
그래서 아이들에게 주려고 사왔소.」

　아이들은 인사를 하고 기쁜 소리를 지르며 방 안으로
들어갔다.

새끼 돼지 이야기

전제는 오랜만의 인사를 나눈 뒤, 오자서를 집 안으로 안내했다.

자서는 어린애들은 말할 것도 없고 전제의 늙은 어머니와 아내도 잘 알고 있었다. 한 사람도 빼지 않고 인사했다.

이윽고 술상이 차려졌다. 술을 주고받다 갑자기 전제가 말했다.

「그대는 광 전하의 명령을 받고 저를 부르러 온 것이겠지요?」

당돌한 질문이었지만, 말씨는 퍽 부드러웠다.

「그렇소.」

「급합니까?」

「빠른 편이 좋겠지만, 이삼 일은 상관 없습니다.」

「제가 물은 것은 오늘 떠나야 하느냐는 뜻이었습니다. 그럼 내일 떠나도록 하겠습니다.」

자서는 상대방이 이미 알고 있다는 것을 의심하지 않았다.

용건은 그렇게 끝내고 나머지는 세상 이야기를 나누었다.

그 이야기 사이에 초나라와의 전쟁 이야기가 나왔다.

「삼군이 출정하여 돌아올래야 돌아올 수 없게 되었소. 개여와 촉용 두 공자는 현명한 사람이라는 평판이지만 역시 아직 젊습니다. 광 전하라면 그런 실패는 하지 않을 것입니다. 그러나, 그 광 전하가 몹시 불편하셔서 두 공자께서 사령관이 되어 떠났습니다. 오나라의 운이 나쁜 것입니다.」

자서가 말했다.

「옳은 말입니다.」

하고 말할 뿐 전제는 많은 말을 하지 않았다. 별로 빈정거리는 표정을 보인 것은 아니지만, 오자서는 마음 속으로 얼굴이 붉어짐을 느꼈다.

전제는 이번 일이 모두 광과 자기의 계략에 의해 꾸며

졌다는 것을 꿰뚫어보고 있을 것이 분명하다. 필요없는 말을 했다고 뉘우쳤다.

그날 밤은 자서도 전제의 집에서 묵었다. 이튿날 아침 일찍 두사람은 떠났다.

전제는 어머니에게 작별 인사를 하고 나서, 나이 순서 대로 나란히 서 있는 네 아이들 머리를 하나하나 만지며,

「아버지가 없더라도 얌전히 하고 할머니와 어머니 말씀을 잘 들어라.」

하고 말했다. 아내에게는,

「어머님을 부탁하오.」

하고 말했다.

이런 일은 별것이 아닌 보통 여행을 떠날 때의 태도로 밖에 보이지 않았지만, 자서로서는 참된 뜻을 알고 있었다. 울고 싶은 심정이 가슴에 소용돌이쳤다.

며칠 뒤, 두 사람은 오나라 도읍에 들어섰다. 전날 여인숙에서 사람을 시켜 내일 도착한다고 광에게 일러 두었으며, 광은 교외에서 마차를 보내 놓고 있었다. 그 마차를 타고 광의 저택으로 가는 도중 전제는 웃으며 자서에게 말했다.

「옛날 내가 아주 어렸을 때, 밤에는 어머니가 옆에 누

워서 재미있는 여러 가지 이야기를 들려주었지요. 언젠가는 이런 이야기를 해 주었습니다. 새끼 돼지가 몇 마리 어미 돼지를 따라 늪에서 먹을 것을 찾고 있었습니다. 그 때 가까운 길로 소 몇 마리가 관리들에게 이끌려 가는 것을 보았습니다. 모두 빛깔이 곱고 몸집이 좋은 살찐 소들이었는데, 뿔도 발톱도 구슬처럼 반짝거렸습니다. 털도 부드럽고 비단같이 윤기가 흘렀습니다.

새끼 돼지들은 놀라서 흙탕투성이의 코를 쳐든 채 보고 있었지요. 소들이 길을 돌아서 수풀 속으로 들어가 보이지 않게 되자 돼지 한 마리가,

〈우린 왜 돼지로 태어났을까? 저렇게 예쁜 소로 태어나지 않았을까?〉

하고 말하자 다른 새끼 돼지들도,

〈그래, 그래. 나는 어머니가 원망스러워. 그렇지만 어쩔 수 없는 돼지야.〉

하고 한탄하고 슬퍼했습니다.

〈꿀꿀꿀, 이것들아. 아무것도 모르면서 무슨 불평이냐! 아까 끌려간 그 소들은 곱게 태어났기 때문에 관리들에게 징발되어 도읍으로 끌려가는거야? 도읍에 가면 맛있는 것을 실컷 먹여주고 날마다 씻어 주지. 그렇게 소중하게 길러진다는 건 퍽 좋은 일 같지만 멀지 않아 웬만

큼 깨끗해지면 뿔에는 금은으로 장식하고 몸에는 금실을 수놓은 아름다운 옷을 입게 된다. 그것도 대단히 좋은 일 같지만 그 다음부터가 나쁘단다. 하느님 앞에 끌려 가서 제물로 바쳐진다.〉

〈제물이 뭐예요?〉

〈죽음을 당하는 거야.〉

〈죽게 된다구요?〉

〈암, 죽게 되지. 그 때 가서 울어도 외쳐도 소용없다. 죽음을 당하고 하느님이 먹어 버린단다.〉

새끼 돼지들이 조용해지자 어미 돼지가 말했지요.

〈곱게 태어나서 사람들에게 소중히 다루어진다는 것이 어떤 결과를 갖고 오는지 잘 알겠지! 지금 이대로가 너희들에겐 가장 좋단다. 불평해서는 안돼. 옳지, 그 곳에 큰 미꾸라지가 있구나. 빨리 코로 눌러서 먹어 치워라. 놓치면 안돼. 꿀꿀꿀.〉

「이런 이야기였습니다. 그런데, 이렇게 훌륭한 마차를 나는 처음 봅니다. 이것 때문에 묘한 이야기가 떠오른 것입니다. 하하하!」

오자서는 맞장구를 칠 수도 없었다.

광은 몹시 정중하게 전제를 접대했다. 몇 사람의 심부름꾼을 붙여 주어 신변의 시중을 들도록 했다. 날마다 성찬과 주연을 베풀어 주었다.

　중요한 이야기는 좀처럼 하지 않았다.

　닷새째, 전제는 시종을 통하여, 광에게 틈이 있으면 만나 뵙고 싶다는 말을 전했다.

「기다리고 있겠소.」

하고 광은 대답했다.

　전제는 광의 거실로 가서 사람을 물러가게 한 다음 말했다.

「전하께서 저를 부르신 것은 대충 짐작갑니다. 만일 제가 짐작하는 바와 같다면 너무 시간을 늦추시는 것 같습니다. 늦추시면 좋은 기회를 놓치고 말 것입니다.」

　광은 감동의 빛을 보이며 말했다.

「그대의 말과 같은데, 일이 일이니만큼 나는 말을 꺼내기 어려웠소.」

「아무튼 확인하기 위해서 사정을 모두 알고 싶습니다. 대충 짐작은 갑니다만.」

　광이 한 말은 이미 알고 있는 바와 같다. 오나라의 왕위는 수몽왕(壽夢王)의 유언에 의해 계찰에게 물려질 것이었는데 계찰이 형제의 서열을 주장하여 받아들이지 않았다. 그래서, 제번왕 이후 형제가 서로 이어받고 다음은 계찰에게 물려주자는 방침이 세워졌다. 그것에 따라 선대의 여매왕(餘昧王)에 이르렀다. 여매왕 다음에는 마땅히 계찰이 왕위에 올라서야 하는데 다시금 계찰이 한사코 거절하자 중신들이 협의하여 지금의 요가 왕위에 앉았다. 이것이 잘못되었다고 광은 말했다.

「말하자면, 선왕으로 여매, 또 그 선왕으로 여제(餘祭)가 왕위에 앉을 수 있었던 것은 이윽고 계찰에게 왕위를 물려주려는 수단이었소. 따라서, 여제도 여매도 몸은 왕위에 앉았지만 그 자리를 자손에게 물려줄 권리는 없소. 그러므로, 계찰이 왕이 되기를 받아들이지 않는 이상 왕위는 형제들이 서로 이어받는다는 원칙에 따라, 제번왕의 적자인 내가 이어받아야 한다고 믿고 있소. 오나라의 중신들이 나를 두고 요왕을 앉힌 것은 잘못이라고 생각하오. 그렇지 않소?」

광은 말을 끊고 전제의 동의를 기다렸다.

전제는 그것에 대답하지 않고 말했다.

「계속 말씀하십시오.」

광은 불안한 빛을 보였으나 계속했다.

「지금까지는 왕의 계승의 경위에 대해서 이야기했지만, 요즘 여러 나라의 정세를 아울러 생각하면 그것만으로는 부족하오. 왕으로서의 역량에 대해서도 함께 생각해야 하오. 그대는 요왕을 어떤 사람으로 보는가? 요왕의 세상이 되어 요왕의 이름으로 행해지고 그것이 성공한 것은 모두 내가 계획하고 내가 한 거요. 그 일들을 빼놓으면 요왕의 이름을 높일 것은 전혀 없소. 지혜와 재능을 비교해 보더라도 내가 낫다고 믿고 있소. 그대는 어떻게 생각하오? 내 자만심이라고 생각하오?」

전제가 전혀 반응의 빛을 보이지 않자 광은 화를 냈다. 주먹으로 탁자를 쾅 두드려 대답을 재촉했다. 그러나, 전제는 여전히 냉정하게 말했다.

「계속 말씀하십시오.」

광은 전제에게 몹시 실망했다. 오자서가, 필요할 때는 반드시 큰일을 결행할 역량과 마음을 지닌 용사라고 추천하기에 대단히 후하게 대우해 왔다. 그것에 대해 전제 쪽도 제법 깊이 이해하고 있는 듯했다. 그래서 큰일을 여기까지 털어 놓았는데, 지금 보니 자기에게 동정하는 빛도 감격하는 빛도 보이지 않았다.

(뜻밖에도 빛좋은 개살구인지도 모른다.)

라고까지 생각했다. 그러나, 이제는 되돌릴 수 없는 일이다. 만일 부탁을 들어주지 않는다면 비밀을 막기 위해서도 죽여 버려야 한다고 마음먹었다.

광은 자포자기로 말을 이었다.

「나는 이런 마음을 품고 계속 참아왔소. 오자서에게도

내입으로는 말하지 않았소. 현명한 그는 내 마음을 헤아리고 있는 모양이지만 나는 참고 기회를 기다렸소. 그 기회가 지금 온거요. 왕의 두 동생은 군을 이끌고 초나라에 쳐들어가 돌아올 길이 막혀 쉽게 올 수는 없게 되었소. 아들인 경기는 위나라에 볼모로 가 있소. 왕의 어머니는 매우 늙었소. 가장 도움받을 수 없는 상태에 있어 다시 없는 좋은 기회요. 나는 내 뜻을 이루려는 마음을 먹었소. 연릉의 계자는 지금 여러 나라의 왕실을 방문 중인데 내가 왕이 되더라도 결코 이의를 말하지 않을 거요. 왕위 계승의 이치로 보나 역량으로 보나, 나야말로 왕이 되어야 하기 때문이오. 나는….」

광이 계속 말하려 하자, 전제가 가로막고 말했다.

「왕은 제가 죽이겠습니다.」

단호한 태도였다.

광이 도리어 놀랐다. 잘못 듣지 않았나, 의심하며 전제의 얼굴을 보았다.

「내가 하는 말이 옳다는 것을 알아 주겠소?」

「알았습니다만, 그것보다 저로서는 전하의 믿음을 받아, 요 몇 년 동안 후한 대접을 받아온 것이 중요합니다. 저를 알아주는 사람을 위해 죽는 것은 사나이로서의 소망입니다.」

낮고 은근한 말씨였다.

광은 여전히 전제의 얼굴을 바라보고 있었다.

(아마 이 사나이는, 나야말로 왕위 계승권 소유자라고 하는 나의 주장에 찬성하지 않는지도 모른다. 그래서 이렇게 말하는 것이다. 만일 이 사나이의 본심을 말하게 한다면, 저는 당신이 정당한 왕위 계승자이기 때문에 당신의 적을 쓰러뜨리려는 것은 아닙니다. 사나이로서의 소망 때문에 하는 것입니다, 하고 말하리라. 그래도 상관없다. 해 주기만 하면 된다. 중요한 것은 해 주는 일이다.)

「고맙소. 그대를 마음속으로 생각했었지만 실제로 내가 해준 것은 변변치 못했소. 미안하게 생각하오. 그런데도 그대는 그것에 보답하겠다고 했소. 뭐라 감사의 말을 해야 할지 모르겠소.」

답례를 해야겠다는 의례적인 기분에서 끄집어낸 말이었으나, 정말 가슴이 뭉클하고 눈물섞인 말이 되어 버렸다.

전제는 별로 감동한 빛을 보이지 않았다. 찬찬히 광을 보면서 냉정하게 분명히 말했다.

「저에게는 늙으신 어머님이 있습니다. 아직 어린 아이가 넷이 있습니다. 마음에 걸립니다. 도와 주실 수 있겠지요?」

「그러고말고! 내가 그대 대신 충분히 돌보아 주기로 맹세하겠네!」

하고 광은 힘주어 말했다.

「이제 더 할 말이 없습니다. 전하도 마음 편히 가지십시오. 이렇게 되면, 제가 왕 가까이 갈 수 있는 방법이 필요한데, 왕이 왕궁 깊숙한 곳에 있는 한 저로서는 손을 쓸 수 없습니다. 왕을 왕궁에서 나오도록 하여, 제가 가까이 갈 수 있도록 해주십시오. 그것은 저로서는 할 수 없는 일이므로, 오자서 선생과 상의해서 진행해 주십시오. 그러면 실례하겠습니다.」

전제는 인사를 하고 물러갔다.

계책은 광과 오자서 사이에서 면밀히 짜여져 이렇게 결정 되었다.

먼저 광이 왕에게,

「건강이 회복되었습니다. 그러므로, 허락을 얻어서 제가 군을 이끌고 두 공자를 구출하러 가고 싶습니다.」

하고 왕에게 청원한다.

두 공자가 본국과의 연락이 끊기고, 나아갈 수도 돌아올 수도 없이 적국에서 고생하는 것은 현재 오나라에서 가장 당혹하고 있는 일이며, 왕이 마음 아파하는 일이다. 허락해 주리라. 그 때 병사를 징집하는 한편 다음 공

작을 시작한다. 왕에게,

「제 병이 나아서 다시 군사를 지휘하여 싸움터를 뛰어다닐 수 있는 몸이 되었으니, 자축을 위해 빈객을 초청하여 크고 화려한 축하연을 베풀고자 합니다. 만일 전하께서 신의 조그만 뜻을 가엾게 보시고 친히 납시어 주신다면 연회석은 빛나고 영광스럽기 짝이 없을 줄 압니다. 삼가 바라건대 부디 납시어 주십시오.」

하고 부탁한다.

광의 병이 나았고, 게다가 출정하기 전에 하는 청원이다. 왕은 반드시 승낙할 것이다.

이리하여 왕이 광의 집에 오면 전제가 가까이 갈 기회는 자연히 생길 것이다.

광은 이 계획에 따라 실행했다.

첫단계는 가장 쉽게 진행되었다. 왕은 광의 병이 나았음을 기뻐하고, 출정하겠다는 청원을 듣고,

「두 공자는 내 동생이오. 나는 밤잠도 못 자고 있소. 그대가 앓고 난뒤 몸도 돌보지 않고 분발해 준다는 것은 정말 두터운 충성심에서 오는 것이라고 깊이 감격하고 있소. 부디 부탁하오. 이제 나도 겨우 마음 놓을 수 있소.」

하고 말했다.

사병 징집이 시작되었고, 징집된 사병들이 속속 도읍
으로 왔다.

이 부산함 속에 광은 두 번째 계획을 실행했다. 광은
자축연에 왕의 임석을 바란다고 청원했으나, 왕은 곧 대
답하지 않았다.

「생각해 보겠소.」

하고 대답을 미루었다.

광이 조사한 결과, 왕은 요즘 위나라에 경기가 볼모로
가 있으며, 두 동생이 초나라에 출정한 뒤부터 몹시 조
심한다는 것을 알았다.

(암, 그럴테지. 저 바보 같은 왕도 지금 자기가 날개를
뜯긴 잠자리 같은 신세가 되었다는 걸 안 모양이군.)

이럴 때 섣불리 서두르다가는 뚜껑을 닫는 소라와 마
찬가지로 더욱 몸을 도사리는 법이다.

광은 자기 아내를 왕궁으로 보내어 왕의 어머니를 설
득했다.

「광이 앓고 난뒤 몸도 돌보지 않고 초나라에 출정할 마
음을 일으킨 것은 태후님께서 개여님과 촉용님을 걱정
하여 밤마다 슬피 우신다는 말을 들었기 때문입니다. 두
분이 무사히 돌아오셔서 태후님과 기쁘게 만나실 수 있
게 하기 위해서도 광의 축하연에 대왕님께서 납시도록

태후께서 권해 주십시오.」

사실 태후는 두 아들을 생각하고 밤마다 슬피 울고 있었다.

이 말을 듣고 태후는 눈물을 흘리며 말했다.

「말하겠네, 말하겠네. 자네 남편이 두 공자를 위해서 가는데 내가 말하지 않을 리가 있나. 꼭 말하겠네. 왕은 내가 하는 말에 반대하지 않을거야. 틀림없이 임석하실거야. 꼭 그리하겠다고 자네 남편을 안심시켜 주게.」

하고 말했다.

광은 아내로부터 이 말을 듣고 좋아하고 있었는데, 아니나다를까, 이튿날 왕에게 불려 들어가니 왕이 웃으며 말했다.

「태후에게 시키다니 과연 그대는 꾀가 있군. 아무리 왕이라도 어머니 말을 거역할 수는 없지. 초대를 고맙게 받겠네. 가겠네. 하하하!」

하고 웃다가 다시 말했다.

「그러나, 연회석을 준비하는 방법에 대해서는 내가 부탁이 있네. 그것에 따라서 자리를 만들어 주게. 그것은 나중에 지시하겠네.」

이제는 웃지도 않았다. 엄한 표정이었다.

어장검(魚腸劒)

이튿날 요왕은 다시 광을 불러내어 연회석을 준비하는
방법을 지시했다. 요왕이 지시한 것은 다음과 같다.
　〈광의 저택 문에서 연회가 베풀어지는 응접실까지의
사이에는 무장한 군인을 세우고, 군데군데 왕이 친애하
는 공족(公族)과 중신들을 둘러 앉힌다.〉
　그 공족과 중신들의 명부를 내놓았다. 굉장한 숫자였
다. 그것만으로 응접실 자리는 거의 차 버리고, 광이 초
대하려고 마음먹었던 친한 사람들을 부를 수 없을 정도
였다.
　광은 왕이 심한 의심증에 사로잡혀 자기를 전혀 믿지
않는 다는 것을 알았다. 이렇게까지 엄하게 경계한다면

도저히 기회는 없을 거라고 생각하니 마음이 캄캄해졌
다. 그러나, 이 때도 대답에는 조금도 주저하지 않았다.
「감사합니다. 화려한 의용을 갖추고 납시어 주심을 큰
영광으로 생각합니다.」
하고 제법 기쁜 듯이 대답했다.
「그러면 그리 알도록.」
이렇게 말하는 요왕의 얼굴에는 제법 빈정대는 표정이
있다는 것을 느끼면서도 광은 정말 기분좋은 표정을 지
으며 인사하고 물러났다.
집에 돌아오면서 광은 괴로웠다. 이미 요왕이 이 쪽에
깊은 의심을 품고 그렇게 경계를 엄중히 하는 이상 도저
히 자기 집에서는 일을 치를 수 없다. 왕궁에서 자기 집
문까지의 사이에서 결행해야 하지만, 그 틈조차 왕이 무
방비 일 리가 없다. 골라 낸 용사들에게 엄중히 호위되
어 온다고 보아야 한다. 전제 혼자서 하기란 거의 불가
능하다.
광은 겉으로 쾌활한 표정을 지었지만 마음이 침울해서
돌아왔다.
급히 오자서와 만나 왕이 한 말을 털어놓았다.
「이렇게 되면 왕궁에서 우리 집까지의 길에서 할 수밖
에 없소. 다행히 초나라에 출진하기 위해 시골에서 많은

사병이 모여오고 있으니까, 경비한다는 명목으로 그들을 길에 배치하고 그 속에 전제를 숨겨 넣으려고 하는데 어떨까요?」

하고 말했다.

오자서는 머리를 저었다.

「위험합니다. 그 일을 성공시키면 경비역을 맡은 병사들의 대장급되는 자에게는 비밀을 알려 주지 않는다면, 전제가 뛰어나오는 것과 동시에 경비병들은 와르르 몰려와 전제를 죽여 버릴 것입니다. 그러나, 도저히 비밀을 말할 수 없습니다. 대장들은 하늘을 우러러보고 무서워하며 반드시 밀고할 것입니다. 어쨌든 이 집안에서 해야 합니다. 그것을 토대로 연구해 봅시다.」

「그건 그렇소만, 그렇게 할 수 있을까? 우리 집 문에 들어서면 왕은 개미가 들어올 틈도 없을 만큼 견고하게 지켜질 것이오.」

「그렇습니다. 하지만 이 집에서 해야 합니다. 연구하기에 따라 방법이 있을 것입니다. 잠깐 기다려 주십시오.」

오자서는 거실로 물러갔다. 깊은 주름을 눈썹 사이에 세우고 곰곰이 생각하다가, 이윽고 전제의 거실로 들어갔다.

전제는 뜰의 나무그늘에 놓인 평상에 앉아 있었다. 앞

에는 모란 꽃밭이 있었다. 초여름 햇빛이 밝게 비치는
곳에 풍요한 색깔의 꽃이 함빡 피어 있었다. 그것을 보
고 있다가 오자서가 오는 것을 보자 일어나 맞았다. 두
사람은 인사를 나누자 나란히 평상에 앉았다.

「오오, 참 아름답군!」

하고 모란 꽃밭을 보며 오자서가 말하자, 전제는,

「아름답습니다. 그러나, 농사꾼은 별 수 없습니다. 이
렇게 아름답게 핀 꽃을 보면, 고향의 논 밭은 어떻게 되
었을까? 이제 모내기를 할 때인데, 하는 생각만 하게 됩
니다.」

하고 웃었다.

오자서도 웃었지만, 입에 뚜껑을 닫은 듯한 느낌이었
다.

그러나, 전제 쪽에서 그 계책에 대해 물었다.

「축하연은 어느 날로 결정되었습니까?」

「그것은 아직 결정되지 않았지만, 실은 오늘 왕께서 전
하에 대해 이런 말씀을 하셨소.」

하고 상세한 내용을 말한 다음,

「나는 길에서보다 집 안에서 하는 편이 틀림없으리라
고 생각하는데, 그대의 생각은 어떻습니까? 그대가 당사
자이니까 그대에게 편리했으면 하고 생각하는 겁니다.」

「그것은 집 안이 좋습니다. 길에서는 뛰어가는 말에 타고 있으니까요. 보통 때라도 달려들기 어렵습니다. 더욱이 경비병이 양쪽에 도열하고 있으니 더더욱 어렵습니다. 집 안이 좋습니다. 왕의 양옆에 있는 것은 공족이나 중신들입니다. 신분은 높지만 무사들은 아닙니다. 접근하려면 그것이 가장 좋습니다. 가까이 갈 수 있는 방법을 연구를 하면 됩니다.」

「그건 그렇습니다만, 좋은 생각이 떠오르지 않습니다.」

「왕 가까이 갈 수 있는 계책을 세우면 됩니다. 어떤 사람이 왕 옆에 가까이 갈 수 있습니까? 왕후(王侯)의 연회석에서는 어떻게 하는지 모르지만, 저희들의 연회석에는 술이나 음식을 가져오거나 가져가는 심부름꾼은 가장 자유롭게 연회석 사이를 오갈 수 있고 따라서 주빈에게도 쉽게 접근할 수 있지요. 왕후의 연회석에도 그런 사람이 있을까요? 있다면, 제가 그 심부름꾼으로 변장하겠습니다.」

오자서는 전제가 용기뿐 아니라 지혜도 뛰어난 사람임을 알고 감탄했다.

「그러나, 어쩌면 대왕께선 심부름꾼으로 자기 시신들을 시키거나, 또는 광 공자 스스로 하라고 분부하실지도 모릅니다. 주인 스스로 심부름하는 것은 공경의 뜻을 나타내기 위해 흔히 하는 것이니까요. 그런 경우에는 어떻게 하면 좋을까요?」

전제는 웃었다.

「거기까지 생각하면 끝이 없습니다. 사람의 계산은 아무리 정밀하기를 기해도 절대로 틈이 없도록 할 수는 없습니다. 일을 꾀함은 사람에게 있고, 일을 이룸은 하늘에 있다는 말은 이런 것을 가리킨 것입니다. 이 문제도 제가 방금 말한 계획으로 진행하고, 그것이 그대의 말씀과 같은 사정이 생겨 실행 불가능할 때는 천운이 광 공자에게 아직 오지 않은 것입니다. 뒷날 다시 기회를 만들어야 합니다.」

전제의 말에는 틀림이 없었다.

「과연 그대 말이 맞소. 그러면, 그 방법으로 합시다.」

오자서는 전제와 함께 광의 거실로 갔다.

오자서에게 이야기를 듣자 광은 전제에게 다시 인사하고 감사했다.

「그대의 힘으로 나는 새로운 목숨을 얻을 수 있게 되었소.」

「그렇게까지 말씀하시지 마십시오. 전하는 저의 늙으신 어머님과 아이들을 보살펴 주신다는 약속을 하셨습

니다. 게다가 청사(靑史)에 남을 일을 주셨습니다. 저야
말로 감사의 뜻을 올려야 하겠습니다.」

전제는 똑같이 무릎 꿇고 응답하고, 몸을 일으키고 말
을 이었다.

「그 때 사용할 무기를 주십시오. 이런 일의 성패는 가
장 미묘한 일로 판가름되는 것이므로, 받아 두었다가 늘
손으로 만지고 익혀 두고 싶습니다.」

「옳은 말이군!」

광은 스스로 옆방으로 가서 칼 세 자루를 갖고 와서 탁
자 위에 나란히 놓았다.

「이것들은 모두 월왕(越王) 윤상이 몇 년 전에 내게 준
것이오. 월의 검공 구야자가 만든 것이오. 참, 오선생은
잘 알고 있지? 오선생은 이 칼들을 구야자가 만들었을
때, 그의 집에 가서 보고 왔소.」

세 자루 모두 한 자 두 치, 보옥으로 장식했는데, 정말 아
름다웠다.

전제는 칼집에서 칼을 빼어 칼날을 조사했다. 장단점
은 좀 있었지만 칼날은 한 자 두 치를 조금 넘는 것이었
다. 하나는 먹과 같이 검푸른 빛이었다. 또 하나는 날에
겹쳐서 큰 바위같이 동글동글한 무늬가 있었다. 나머지
하나는 엷은 구름이 떠있는 듯한 무늬가 칼자루 근방에

서 칼끝까지 달리고 있었다. 이 시대는 청동시대였다. 철기도 어느 정도 나오기 시작했지만 쇠는 녹슬기 쉬우므로 악금(惡金)이라 불리고, 농기구 따위에 사용되었으며 칼·쌍지창·창·제기(祭器) 등 중요한 것은 미금(美金)이라고 불리는 구리로 만들었다. 사람이 의식하여 섞는 놋쇠, 그밖의 금속이며 주조 과정에서 자연히 혼합되는 광물로 만들어진 것의 색도·광택·모양·경도·예리함 등에 여러 가지 변화가 생긴 것은 뒷날의 철검(鐵劍)과 마찬가지였으리라.

「그 칼을 나는 잠로라고 이름붙였소. 잠잠하고 검푸른 빛이기 때문이오. 노(盧)라는 글자는 어조를 맞추기 위해 붙인 것이오. 다음 것은 반영(盤郢)이라고 이름 붙였소. 큰 바위가 동글동글 겹쳐진 듯한 무늬가 있기 때문이오. 영(郢)이라는 글자는 역시 어조를 맞추기 위해서요. 나머지 한자루는 엷은 뜬구름 같은 무늬가 있는데 아직 이름을 붙이지 않았소. 연운(連雲)이라고 할까 싶었지만, 침착성이 없는 것 같아서 결정하지 못했소.」

하고 광은 말했다.

전제는 한 자루씩 흔들어 보고 손에 쥐어 보고 엄지손가락으로 칼날을 만지며 날카로움을 조사해 보더니, 이름없는 칼을 집어들고 말했다.

「과연 명공 구야자의 작품입니다. 모두 훌륭한 것이지만, 이것에 이름이 없다면, 이 칼로 하겠습니다. 짐작컨대, 이번에 제가 하는 일로, 이 칼에도 자연히 이름이 붙을 것입니다. 이만한 명검에 이름이 붙을 인연을 만든다는 것은 사내 대장부로서의 영광이니까요.」

전제는 이름없는 칼을 안고 물러갔다.

광은 날을 정한 뒤, 왕에게 아뢰고 모든 준비를 진행시켰다.

드디어 그 날이 왔다.

광은 전날부터 무용이 빼어난 무사 몇 십 명에게 무장시키고, 자기 집 지하실에 잠복시켰다. 전제의 손으로 요왕의 목숨을 없앰과 함께, 왕을 위해 저항하는 패들의 목을 베고 모두 제압하기 위해서였다.

요왕은, 광의 일당이 생각한 이상으로 조심스러웠다. 많은 무사들을 광의 집에 보내 문에서부터 응접실까지를 단단히 경호했을 뿐만 아니라, 왕궁에서 광의 집까지의 길에도 어마어마하게 무장한 병사들을 배치하고 양옆에 도열시켰다.

광은 마음 속으로 혀를 내둘렀다. 길에서 습격한다는 것은 도저히 불가능했다.

　시간이 다가오자 초대받은 사람들이 마차를 잇대어 찾아들었는데, 거의 모두가 요왕이 친애하는 사람들이었다.
　이윽고, 요왕이 왔다. 광은 문까지 마중나가 응접실로 안내했다.
　〈왕의 호위병을 궁성에서 광의 집에 이르기까지 도열시키고, 문과 당하 좌우에 모두 왕의 친척을 협립(夾立)시켰고, 장피(長鈹)를 들었다.〉
고 〈사기〉열전에 씌어 있다.
　〈협립〉이란 길을 사이에 양쪽에 두고 서는 것이다. 〈장피〉란 쌍날의 칼이다. 칼집에서 칼을 빼어 들고 있었던 모양이다. 차고 있었다면 〈모두 장피를 차고 있었다〉라고 썼으리라.
　광은 번쩍이는 장검 사이로 요왕을 안내하여 큰 응접실에 들어가 자리를 권했다.
　연회가 시작되고 점점 흥거워졌다. 그 동안 술을 들고 또는 안주를 들고 많은 심부름꾼이 드나들었다. 이 심부름꾼들 틈에 왕의 목숨을 노리는 전제가 있었는데, 과연 의심 많은 요왕도 거기까지는 몰랐다.
　음악이 연주되고 연회석 가운데 무대에서는 젊은 미녀들이 춤을 추자 모두 흥거워했다.

광은 주인으로서 왕이며 손님들을 환대하며 좌석 분위기를 살펴보고 있었는데, 사람들의 취기와 흥이 깊어지고 경계심이 늦추어진 것을 보자, 가까운 사람들에게 갑자기 자리를 비웠다가 곧 돌아오겠다며 사과하고 응접실에서 나가 지하실로 들어갔다.

그 전부터 전제는 주방에 있으면서, 커다란 생선찜을 얹은 은쟁반을 옆 탁자에 놓고 상황을 살피고 있었다. 광이 지하실로 들어가는 것을 보자 양손에 은쟁반을 받쳐들고 응접실로 나아갔다.

가장 공경하는 자세로 곧장 요왕 앞으로 가서 은쟁반을 탁자위에 놓았다.

요왕은 요리 따위는 거들떠보지도 않고 가운데 무대에서 춤추는 미녀들에게 정신이 팔려 있었다. 전제가 앞을 가로막기에 몸을 옆으로 기울여 열심히 보고 있었다.

전제는 침착하게 한 번 놓았던 은쟁반을 바로 잡아 권하는 듯한 손짓을 했으나, 순간 생선 배에 오른손을 집어 넣으면서 뛰쳐 일어나,

「에잇!」

비단을 찢는 듯한 소리와 함께 탁자 위에 올라서더니 건장한 오른손을 마음껏 뻗어 요왕의 가슴을 찔렀다.

생선찜 뱃속에 숨겨둔, 구야자의 명검 날끝이 어김없

이 왕의 가슴에 꽂혔다.

「뭣하는 짓이야! 무례한 놈!」

왕은 외치면서 일어나 도망치려고 했으나, 전제는 왼쪽 손을 뻗어 왕의 어깨를 잡고, 찌른 칼을 더욱 깊이 찌르며 후볐다.

요왕의 좌우 사람들이 놀라서 당황하여, 차고 있던 장피를 빼어들고 전제를 베고 또 찔렀다. 〈사기〉세가에는 〈장피가 가슴에 엇갈렸다〉고 씌어 있다. 왕의 좌우에 있던 사람들의 칼이 전제의 가슴에 꽂히고 그 칼끝이 엇갈렸다는 뜻이다. 사람들이 무턱대고 전제의 가슴을 찔렀다는 것을 알 수 있다. 그래도, 전제는 왕을 놓치지 않고 왕의 가슴에 찌른 칼을 뽑지 않고 후비고 또 후볐다. 왕의 숨이 끊어졌다.

갑자기 일어난 참사에 사람들은 떠들며 격분했다.

「모반이닷!」

「반역이닷!」

하고 외치며 분개했다. 그들은 무장하고 있었다. 광을 찾으며 왁자지껄 떠들었다.

광은 뛰어난 무사였다. 게다가, 미리 노리고 있었던 일이라 지하실의 갑옷 입은 무사들을 이끌고 큰 응접실로 쳐들어가, 떠드는 자들을 닥치는대로 베고 찔렀다. 사람들은 무서워서 조용해졌다.

광은 여러 사람 앞에 우뚝 서서 큰소리로 외쳤다.

「오나라의 왕위를 계찰 공자가 계승하기를 마다하는 이상, 제번왕의 맏아들인 내가 정통 계승자이며, 요는 그 자격이 없다. 그런데도, 요는 왕위에 앉았다. 찬탈이라고 보아야 한다. 지금이야말로 왕위는 찬탈자 손에서 정통 왕자에게 돌아왔다. 이의가 있는 사람은 말하라! 나는 그 이치를 들려 주겠다. 그래서 역시 납득이 가지 않는 자는 도리의 옳고 그름을 모르는 난동자다. 나는 난동자를 죽이고 말 것이다.」

한 사람도 이의를 말하는 자가 없었다. 모두 몸을 떨며 엎드려,

「광왕 만세!」

하고 외쳤다.

광은, 초나라로 출정한다는 명목으로 나라 안 여러 지방에서 징집한 군사를 불러 의장을 갖추고 왕궁으로 들어가 반대파를 죽이고 왕위에 앉았다. 오나라 왕 합려(闔閭)라고 스스로 이름붙였다.

반란에 의해 오나라 왕이 된 합려는 전제의 시체를 거두어 정중히 장사지내고, 또한 전제의 유족을 오나라의 도읍으로 불러올려 가장 정중히 대우하고, 맏아들에게

는 성인이 된 뒤에 경(卿)의 신분을 준다고 약속했다.

요왕을 찌른 칼의 이름은 〈어장(魚腸)〉이라고 불려졌다. 칼의 무늬와 생선 뱃속에 숨겨져 큰일을 치렀다고 하여 붙여진 이름이었다.

자기 나라 안에서 일어난 반란의 소문을 듣자, 초나라에 출정한 개여와 촉용은 깜짝 놀랐다. 개여는 군사를 이끌고 멀리 동북쪽 서(徐)나라로 도망쳤다. 한편, 촉용은 더욱 북쪽의 종오(鍾吾)로 도망쳤다. 서와 종오는 모두 이 시대에는 조그만 독립국이었다.

합려는 사신을 이 나라에 보내어 두 사람 다 붙들어 돌려보내 달라고 요구했다.

약소한 두 나라로서는 강국인 오나라의 요구를 맞대고 거절할 수 없었으나, 그렇다고 두 사람을 붙들어 돌려보내기는 꺼려했다. 오나라 앞날도 불안해지리라. 섣불리 처리하다가는 합려의 반대 세력이 합려를 넘어뜨리고 세력을 되찾는다면 어떤 봉변을 당할지 모른다. 두 나라 당국자들은, 두 사람에게 은밀히 오나라 요구를 알리고, 떠나 달라고 부탁했다.

두 사람은 놀라는 한편 두 나라의 호의에 감사하고 모든 군사를 이끌고 초나라에 항복했다.

초나라는 이 항복을 받아들여 두 사람을 서성(舒城)에

복직시켰다. 서는 소호 서쪽 땅이다. 그들이 오나라 장
군으로서 포위했던 잠(潛) 가까운 곳이다.

  반란의 소문은 두 공자를 놀라게 했을 뿐 아니라, 계찰
도 놀라게 했다. 계찰은 서둘러 돌아왔다.

간장(干將)과 막야(莫耶)

손무는 반란이 일어날 것을 예상하고 있었다. 훨씬 전
부터, 언젠가는 피비린내 나는 일이 틀림없이 일어난다
고 생각했으며, 이번에도 역시 그렇게 생각하고 있었다.
계찰이 여러 나라에 사신으로 순방하고, 경기가 위나라
에 볼모로 되어가고, 요왕의 친동생들인 개여와 촉용이
장군이 되어 초나라에 침입했다는 일련의 일들은 우연
한 것이라고 손무는 생각하지 않았다.

(왕은 모든 날개를 뜯기어 가장 믿을 곳 없는 몸이 되
어 있다. 광 공자에겐 가장 좋은 기회였다. 생각컨대, 광
이 이런 상태를 만들었으리라. 광 공자에게는 오자서가
붙어 있으니까.)

하고 생각했다.

이 계획에 자기를 끌어들이려 하지 않은 오자서에게 감사했다. 피비린내나는 일은 싫었다.

실패하는 경우를 생각하면 더욱 싫었다. 무엇보다 현실 사회의 일은 귀찮았다.

그는 이렇게 생각했다.

(만일 아무 일도 일어나지 않았다면 내가 여태까지 생각한 일은 망상에 지나지 않는다. 말하자면, 나의 추리력은 내가 자부한 만큼 날카롭지 못한 것이 된다.)

몹시 긴장하여 도읍 쪽을 지켜보고 있었다.

그는 예상했다. 반란이 일어났던 것이다.

(역시 내가 보는 눈은 틀림없어.)

손무는 자기 추리가 맞은 것에 크게 안심했다. 오자서에게 축하하러 가고 싶을 정도였다. 그러나, 가지 않았다. 오나라의 공족이나 중신들 가운데는 여러 당파가 있었다. 요왕파도 있었고, 여제(餘祭)파도 있었고, 무엇보다 계찰이 있다. 앞날의 일은 마음 놓을 수 없었다.

이윽고, 계찰이 돌아온다는 소문이 전해졌다.

(자아, 어떻게 될까?)

이런 일에 추리를 해보는 것은 그의 습관이 되었다. 추리의 실마리를 더듬어 결론을 내리고 현실의 결과를 기다린다. 들어맞으면 자기 추리력의 날카로움이 증명되므로 크게 자신이 붙고, 어긋났을 때는 왜 어긋났는가를 연구해보면 앞날의 참고가 되었다.

여러 모로 생각한 끝에 이른 것은, 계찰이 합려가 한 짓을 시인하리라는 것이었다. 추리의 재료가 된 것은 언젠가 오자서에게서 들었던 계찰의 사람됨이었다.

오자서는 계찰에 대해서 옛날부터 중원의 현인(賢人)들을 본보기로 들고, 조금도 그들과 틀리지 않으려고 애쓰고 있다고 비평했던 것이다. 매우 신랄했던 이 비평에 손무는 불쾌하기까지 했는데, 때가 흐름에 따라 이 계찰의 사람됨은 손무의 가슴에 깊이 뿌리박혔다.

(오나라 사람은 모두 중원의 문화에 열등감을 갖고 있는데, 계찰 공자에게도 그런 점이 있다. 공자가 중원의 문화를 사모하여 그것을 배우려고 하고, 중원의 옛 성현의 길을 존경하여 그것을 배우려고 하는 것은 그 때문이다. 따라서, 그 어진 행동은 그 본질에서 오는 것이 아니다. 본질에 따른다면 이번 반란에 대해서는 엄격하고 강경한 태도로 임할 것이지만, 그렇지 않으니 나약하고 타협적일 것이 분명하다. 아마 합려를 승인하리라.)
하고 판단했다.

그는 이렇게 추리하자 자기 추리가 들어맞느냐 어떠냐

가 마음에 걸렸다.

하루라도 빨리 확인하고 싶었다. 그는 농번기여서 아내가 말리는데도 불구하고 오나라 도성으로 올라가 단골로 다니는, 성 밖 여인숙에 묵으면서 계찰이 오기를 기다렸다. 오자서가 합려의 공자 시절의 집을 물려받아 거기서 살고 있다는 것을 알고 있었지만 찾아가려고 생각하지 않았다. 합려의 모신(謀臣)이 되어서 멋지게 반란을 성공시킨 오자서 앞에 얼굴을 내미는 것은 무엇인가를 바라기 때문인 것처럼 보인다고 생각한 것이다.

몰래 여인숙에 묵으면서 도성의 인심을 살펴보았더니 합려의 평판은 나쁘지 않았다. 세상은 합려의 여태까지의 혁혁한 무훈을 잘 알고 있었으며, 수몽왕의 직계손이고, 순서대로라면 제번왕에 이어 왕이 될 사람이었음이 새삼 생각난 모양이었다.

(합려의 지위는 반석 위에 놓여 있다고 해도 좋지 않을까?)

하고 생각했다.

손무가 도성에 올라 와서 사흘 되던 날 계찰이 돌아왔다. 합려가 스스로 북문 밖에까지 맞으러 나간다는 말을 듣고, 손무는 아침부터 북문 밖으로 가보았다.

벌써 몇 천 명이 넘는 사람들이 모여 있었다. 조정 신하와 궁인들은 아직 오지 않았고 서민들 뿐이었다. 아마 합려와 계찰이 어떤 대면을 하는가, 그것을 보고 싶은 호기심에서 모인 것이 틀림없었다.

(나와 똑같은 호기심 많은 패들이 꽤 있구나.)

마음 속으로 쓴웃음 지으며 그는 사람들 틈에 섞여 있었다.

오전 10시 쯤이 되자, 왕족, 중신들, 정신들, 관리들이 잇따라 모여들었다. 신분 높은 사람들은 마차로, 그렇지 않은 사람들은 걸어왔다.

그들이 큰길 양쪽을 차지했기 때문에 이른 아침부터 온 많은 사람들은 길가에서 쫓겨났다. 모두 논 밭의 둑이나 높직한 밭에 서 있었다. 마치 까마귀떼 같았다. 그 속에 손무가 섞여 있었음은 말할 나위도 없다.

1시간쯤 지나자 합려가 왔다. 무장한 사병을 거느리고 천천히 마차를 몰았다. 도착하자 왕족, 중신, 정신들 중에서 상당수가 앞으로 나가 합려의 마차를 에워싸고, 그 바깥을 병사들이 둘러쌌다. 어마어마한 경계였다.

합려는 마차에서 내려 여러 사람 앞으로 나갔다. 단정하고 살찐 얼굴은 혈색이 좋았고 새까만 수염은 윤기가 있었다. 몸집이 컸다. 산같이 묵직했다. 힘과 위엄과 자신이 넘쳐보였다.

(훌륭해졌구나. 풍모를 보아도 보통 사람이 아니다.)

손무는 생각했다.

계찰이 도착한 것은 그 때부터 30분 지나서였다.

계찰의 마차는 합려가 도중까지 맞으러 보낸 기마병 몇몇에게 인도되어 종자들이 탄 마차며, 짐마차, 등, 10여 대를 거느리고 있었다. 합려 앞에까지 오자 마차를 세우고 계찰은 내리려고 했다.

계찰은 수염도 새하얗고 대낮의 햇빛에 은빛으로 반짝거렸다. 마르고 날씬한 몸집과 조화되어 정말 고아(高雅)한 느낌을 주었다.

계찰이 마차에서 내리자, 동시에 합려는 걸어나가, 길바닥에 내려선 계찰이 세 발짝도 옮기기 전에 한 간 정도 가까이까지 나아갔다.

손무는 멀리서 숨을 삼켰다.

(어떻게 할 셈이지? 계찰을 죽이려는 것일까?)

하고 생각했다.

계찰도 같은 생각이었으리라. 몸을 움츠린 듯이 움직이지 않았다.

그러나, 합려는 멈춰서자 곧 무릎을 꿇었다.

보고 있던 사람들은 귀인, 천민할 것 없이 놀랐다.

합려의 목소리가 똑똑히 들렸다.

「계부(季父)님, 제가 나라 안에서 일으킨 사건에 대해 이미 잘 알고 계실 것입니다. 제가 이런 큰일을 감히 한 것은, 오나라 왕위가 본디 계부님에게 돌아가야 하며, 아니면 저에게 돌아와야 하는 것이 마땅하며, 선왕에게 갈 것이 아니라고 믿었기 때문입니다. 저는 계부님과 왕위를 다투고자 하지 않습니다. 계부님과 저와 어느 쪽이 더 정당한 자격자인가 하면 그것은 마땅히 계부님입니다. 제가 왕위에 앉은 것은 왕위란 비워 두어서는 안된다고 생각했기에, 계부님이 돌아오실 때 까지의 저의 한 방편이었습니다. 이렇게 이미 계부님이 돌아오신 이상 어찌 제가 왕위에 집착할 수 있겠습니까? 계부님께서 왕위에 앉아 주십시오. 저는 신하로 돌아가 계부님의 재가를 기다리겠습니다.」

낭랑하게 울리는 목소리였다.

손무는 자기도 모르게 감탄했다.

합려를 사나이답고 당당하다고 해서 감탄한 것이 아니다.

그 지혜에 감탄했던 것이다. 이와 같이 귀천 상하와 모든 사람이 보는 앞에서 이런 말을 이렇게 큰 소리로 한다는 것은, 얼핏 보기에 가장 대담한 것처럼 보이지만,

실은 다 속셈이 있는 가장 안전한 방법이었다.

게다가 사람들을 심복시킬 수 있다.

(아아, 이것은 오자서의 지혜겠지.)

하고 생각했다.

계찰이라는 인물을 골수까지 알지 못하는 한, 가장 안전한 길을 계산해 낼 수는 없기 때문이다.

(오자서도 나와 마찬가지로, 계찰이 결코 강경한 태도로 나오지 않는다는 걸 꿰뚫어 보았구나!)

하고 생각했다.

손무는 귀기울여 계찰이 하는 말을 기다렸다.

계찰도 역시 무릎 꿇고 답례하며 말했다.

「전하, 제가 왕위를 바라지 않는 다는 것을 잘 알고 있을 줄 압니다. 전하는 제번왕의 맏이이며 수몽왕의 장손입니다. 왕위 계승권이 있음은 말할 나위 없습니다. 왕위 계승권이 있는 사람이 왕위에 앉아서 선조 대대의 사직을 흔들림 없이 지켜 제사드리고 나라의 신도 또한 제사드리고 백성이 떠받들고 있다면, 그 분은 저에게도 역시 주군입니다. 저는 누구라도 탓하려고 하지 않습니다. 저는 요왕이 비명으로 죽은 것을 안타깝게 생각합니다만, 지금의 왕인 그대에게 충성을 다해 평생을 마치고 싶습니다. 저는 소란을 피워 평화를 혼란케 하려고 생각지 않습니다. 왕위를 이은 분이 있는 이상 따르겠습니다. 이렇게 하는 것이 제가 존경하고 본받을 현인들의 방법이니까요.」

계찰의 목소리에는 합려의 목소리처럼 낭랑한 남성적인 울림은 없었지만, 침착하고 맑고 또한 똑똑히 들렸다.

이 대화에 사람들은 감동했다. 길가의 신분 높은 사람들 중에는 옷소매를 눈물로 적시는 이가 적지 않게 보였고, 손무 둘레의 서민 중에서는 흐느끼는 소리가 들렸다.

손무도 역시 감격했으나, 그것은 그들과 다른 감격이었다.

(내가 짐작한 대로였다. 나의 짐작이 조금도 틀림없었다!)

자기 만족에 감동했던 것이다.

합려는 완전히 오나라 왕위에 앉았다.

그는 오자서에게 행인(行人)의 직책을 주었다. 행인이란 외교 사무를 담당하는 직책인데, 그 까닭은 오자서가 다른 나라 사람이므로, 갑자기 내치(內治)의 중책으로 기용하면 신하들에게 불만이 생기지 않을까 염려했기 때문이다. 그러나, 실제로 내치나 외교 전반에 걸쳐 자문했다.

부국강병이라는 말은 이 시대에는 아직 없었고, 다음 전국시대에 많이 사용되기 시작했는데 합려가 마음 둔 것이 바로 그것이었다.

자서의 활동도 오로지 그것에 모아졌다.

자서는 먼저 합려에게 권해서 오나라 도읍 둘레에 견고하고 장대한 성곽을 쌓았다.

다음은 식량을 저축하고, 또한 병기를 충분히 갖추었다. 그 병기 충당에 관계된 일로 다음과 같은 이야기가 〈오월춘추〉에 씌어 있다.

합려는 오나라의 명공 간장(干將)에게 두 자루의 칼을 주문했다.

간장이 앞에 나온 구야자와 더불어 알려진 명공이라는 것, 두 사람이 같은 스승에게서 배웠다는 것은 이미 말했다.

간장은 합려의 주문을 받자 자기 비법에 따라 여러 금속을 배합하여 주조를 시작했으나 아무래도 잘 섞이지 않았다. 몇 번 다시 해 보아도 마찬가지였다. 여느때와 똑같이 하는데도 섞이지 않았으므로 간장으로서는 까닭을 알 수 없었다. 번민과 고심 때문에 비쩍 말랐다.

간장의 아내는 이름이 막야(莫耶)였는데, 어느날 남편에게 물었다.

「당신은 명공이라고 해서 대왕님이 일부러 주문하셨는데, 왜 만들어내지 못하는 거지요? 벌써 석 달이나 지났어요.」

「쇠가 잘 섞이지 않소.」

「그건 웬일이에요?」

「그걸 알 수 있을 정도라면 다 만들었을 거요. 도무지 알 수 없소. 여느 때와 조금도 다름없는 방법으로 하는데 말이오.」

막야는 잠깐 생각한 뒤에 말했다.

「옛날부터 공인이 신기(神器)라고 할 만한 것을 만들어낼 때는 사람을 제물로 바친다는 말을 들었어요. 당신은 그렇게 하지 않고 만들려고 하는군요. 그것 때문이 아닌가요?」

간장은 대답했다.

「옛날 내 스승은 칼을 만들려고 하다가 쇠붙이가 잘 합금되지 않을 때는 아내와 함께 대장간에 들어갔소. 나는 혼자 산에 들어가 목욕 재계하고 재복을 입었소. 이번에 잘 되지 않는건 그것 때문인지 모르겠소.」

막야는 다가 앉으며 말했다.

「그거예요. 당신의 스승님은 제물을 바쳐야 한다는 것을 알고 있었어요. 스승님의 아내도 할 수 있었어요. 나도 할 수 있어요.」

　그러자, 막야는 머리칼을 자리고 손톱을 자르더니 몸을 깨끗이 씻고 남편과 함께 대장간에 들어갔다. 그리고, 300명의 어린 남녀를 데리고 와서 풀무질을 시켰다. 숯불이 빨갛게 피어 오르자 도가니 속은 펄펄 끓었다. 막야는 몸을 일으켜 도가니 속에 뛰어들었다.

　야릇한 냄새와 연기가 풍기는가 싶더니 막야의 몸은 녹아버리고 도가니 속의 쇠붙이는 깨끗이 섞였다. 간장은 그것으로 음양(陰陽) 두 자루의 칼을 주조하고, 양검(陽劍)은 자기 이름을 붙여 〈간장〉이라고 했고, 음검(陰劍)은 아내의 이름을 붙여 〈막야〉라고 했다.

　그러나, 두 자루 다 내놓기가 아까워서, 양검은 숨기고 음검만 넘겨주었다. 합려는 이 칼, 즉 〈막야〉를 지극히 사랑하여 보물로서 비장했다고 한다.

　이상은 〈오월춘추〉에 전해진 사실을 알기 쉽게 쓴 것인데, 사실이라면 처절하기 짝이없다. 막야가 남편의 괴로움을 보기가 안타까워서 남편의 일을 달성시키려고 자기 몸을 희생한 것은 여자의 착한 마음으로는 할 수 있는 일이다. 아내로서, 또 어머니로서 이와 비슷한 여자의 희생적 행동은 예나 지금이나 참으로 많다.

　그러나, 이 이야기를 필자는 믿을 수 없다. 나는 이렇게 해석한다. 대체로 물건이 생산되는 것은 음양의 공동 작업에 의한다고 옛날부터 생각되어 오고 있다. 옛사람들이 이런 생각을 갖게 된 것은 남녀가 교접하여 새로운 생명을 탄생시킨다는 아주 비근한 사실에서 추리해낸 것이다. 그러므로 동양에서나 서양에서도 농경 의례(儀禮) 에는 성교를 상징하는 것이 꽤 많다. 가장 단적인 것으로는 결실 전의 과수원, 이삭이 나오기 전의 논밭 속에서 남녀가 서로 껴안고 성행위를 하는 것을 풍요를 가져오는 기도로 보았으며, 재액을 피하는 방법으로 생각했다는 것을 민속학에서는 주장하고 있다.

생각건대, 이것은 농경 의례에만 있었던 것이 아니라, 고대에도 물건을 만들어내는 일에는 모두 있었던 것이 아닐까? 만일 그렇다면 간장과 막야는 재액을 피하려고 대장간 안에서 교접했으리라. 간장이 자기 스승의 일에 대해서 한 말에는,

〈옛날 나의 스승이 쇠붙이를 다룰 때 잘 섞이지 않으면 부부가 같이 대장간에 들어가고, 그 뒤에 물건을 만든다.〉라고 되어 있다. 아내를 희생으로 바친다는 이야기는 전혀 없다. 막야의 경우처럼 처절한 이야기를 만든 것은 〈오월춘추〉의 저자 조엽(趙曄)이 공인이나 농부의 사회 관습을 몰랐기 때문에 아마 잘못된 픽션을 만든 것

이 아닌가 생각된다.

  자서는 백비를 자기와 똑같이 중용해 달라고 합려에게
부탁했다. 그 이야기를 듣고 대부 피리(被離)가 자서를
자기 집으로 초대하여 연회를 열고, 끝난 후에 물었다.
「그대는 백비를 대단히 믿고 있는 듯 싶은데, 무슨 사
연이 있습니까?」
  자서는 대답했다.
「나는 백비와 똑같은 원한을 간직하고 있습니다. 그대
는 이런 노래를 들은 적이 없습니까?」

  가슴앓이하면 가슴앓이하는 사람이 가엾이 여겨지고,
  가난하면 가난한 사람이 가엾이 여겨지며,
  무서워 나는 새는 함께 날아 오르고,
  같은 여울에 모여,
  같은 여울과 함께 흘러간다.
  호마(胡馬)는 북풍에 울고
  월조(越鳥)는 남쪽을 향해 보금자리 찾는다.
  사람은 모두 자기를 닮은 이를 사랑하고
  같은 생각을 하는 이를 소중히 한다.

내 마음은 이와 같습니다.」

피리는 다시 말했다.

「내가 하고 싶은 말은 그것이 아닙니다. 백비는 뭔가 마음에 어두운 점이 있다고 나는 보고 있습니다.」

「나에게는 그렇게 보이지 않습니다.」

「나는 그 사나이가 마음에 들지 않습니다. 그 사나이는 매같은 눈을 하고, 호랑이 같은 걸음걸이요, 나의 경험에 의하면, 그런 인물은 남의 공을 빼앗아 혼자 차지하고, 잔인하며 살인을 즐기는 성질이 있습니다. 친근하게 지내서는 안됩니다.」

하고 피리는 극단적으로 말했지만, 자서는 그 말을 받아들이지 않았다. 도리어 합려에게 추천하여 중책으로 기용했다.

피리의 충고는 지극한 것이었다. 훨씬 뒷날 자서는 그 말의 뜻을 알게 된다.

13편의 병서

오자서는 합려에게 손무를 기용할 것을 권하고 싶었으나, 손무가 여태까지 한낱 야인으로 아무 공적도 없었으므로 합려가 들어 주지 않을 것이라고 생각했다. 손무 자신이 승낙하지 않을 것도 두려웠다.

반란이 성공하고 합려가 왕위를 확보하고, 이것이 주로 오자서의 힘에 의한 것임은 널리 세상에 알려졌는데, 손무는 좀처럼 얼굴을 내밀지 않았다.

자서는 여러 가지로 생각한 끝에 한 가지 묘책을 생각하고, 어느날 손무의 집으로 갔다. 옛날처럼 종자를 하나도 거느리지 않고, 칼 한자루만 차고 걸어서 갔다.

손무는 기꺼이 맞았으나 놀라며 말했다.

「잘 오셨소. 반갑습니다. 그런데 어떻게 된일입니까? 그대는 이제 우리 나라 첫째가는 권력자가 되었는데 시종도 없이…….」

자서는 웃었다.

「농담하지 마십시오.」

「농담이 아닙니다. 그대가 합려왕을 보좌하여 창업의 큰 공을 이룩하고 첫째가는 권력자가 된 것을, 나는 못난 친구의 한 사람으로서 몰래 축복하고 있었습니다.」

하고 손무는 좀 당황하면서 말했다. 사람이 좋아 보이는 그 모습에는 다른 뜻이 있는 것 같지 않았다. 자서는 손무가 반란에 대해 비난하는 눈으로 보지 않는다는 것을 알고 안심했다. 자서는 웃으며 말했다.

「옛날 친구와는 벼슬이 없었을 때처럼 사귀어야 한다고 했습니다. 나도 그것을 본받은 것뿐입니다.」

「고마운 배려입니다. 그러면, 나도 그렇게 접대하겠습니다.」

서재로 안내하여, 이제 청년이 된 우길(牛吉)에게 주안상을 차려오게 하여 몇 잔 기울였다.

이윽고 자서가 말했다.

「내가 우리 아버지와 형을 위해 초나라에 보복하려는 마음이 있다는 것은 선생도 잘 알고 있으리라고 생각합

니다. 오나라에게는, 초나라가 대대로 원한이 있는 나라
입니다. 언젠가는 왕에게 권해서 초나라를 정벌하고 싶
습니다. 그 준비의 하나로서, 나는 선생에게 병법을 배
우고 싶습니다. 그러나, 아시다시피 내 몸은 나라일로
바빠서 선생에게 늘 찾아올 틈이 없습니다. 나를 위해
병법 책을 엮어 주시지 않겠습니까?」

　뜻밖의 요청이었다. 손무는, 자서가 온 것을, 벼슬을
주기 위해서라고 생각했던 것이다. 물론 사양하려고 핑
계도 준비하고 있었다. 하지만, 이런 질문에는 갑자기
대답할 수 없었다. 자기가 벼슬은 승낙할 것 같지 않다
고 생각하고, 그 기술만을 얻어 가려고 하는 것이리라고
생각했다.

　자서는 다시 말했다.

「선생의 연구가 깊고 넓다는 것은 참으로 놀랄 만합니
다. 하지만, 그것을 알고 있는 사람은, 천지가 넓다 해도
나 뿐인 것 같습니다. 참으로 아까운 일입니다. 책으로
엮어두면, 나 혼자서 계발(啓發) 시킬 수 있을 뿐만 아니
라, 널리 천하에 전할 수도 있고, 먼 후세에도 전해져서
불후의 것으로 남을 수 있습니다. 그것이 모양을 갖추지
못하면 그만한 지식과 견식도 그대의 몸과 함께 없어지
고 맙니다. 참으로 아까운 일입니다. 부디 부탁드립니

다.」

손무는 자서의 말에 감동했다. 그 말대로라고 생각했다. 불후의 것이 된다는 말이 더욱 마음을 때렸다. 현세에 대한 명예와 이권에 대해서는 별로 관심없는 손무였지만, 학문과 예술을 탐구하는 사람이 거의 그러듯이 후세에 대한 명예심은 꽤 강렬했다.

「분에 넘치는 말씀입니다. 나의 얕고 어리석은 저술이 천하후세에 전해진다는 것은 있을 수 없는 일입니다만, 그대를 위해 한 번 책을 엮어 보기로 하겠습니다. 그러나, 현실적인 전쟁은 천변만화하고 저마다 달라서 결코 같지 않습니다. 저마다 특수한 것이라고 할 수 있습니다. 그 모든 것에 맞게 쓰려면, 글은 적절함이 모자라고 추상적이고 매우 미적지근한 것이 될 수밖에 없습니다. 그 점 양해해 주시기 바랍니다. 깊이 읽고 깊이 통찰한다면, 읽고 손해를 보았다는 기분은 들지 않을 것입니다. 아무튼, 이정도의 자부심은 용서해 주십시오. 나도 몇십 년의 연구를 정리해서 엮을 생각이니까요.」

「겸손의 말씀은 하지 마십시오. 예나 지금이나 선생만큼 전쟁에 대해서 넓고 깊이 연구한 분은 없었으므로, 승낙해 주어서 고맙게 생각합니다. 이렇게 기쁜 일은 없습니다.」

이렇게 해서 저술에 대한 이야기는 결정되었다. 그리고 나서 손무가 말했다.

「벌써 알고 있을 줄 압니다. 초나라를 정벌하려면 경기 공자에 대한 일을 먼저 처리하지 않으면 시끄럽게 될지 모릅니다.」

자서는 고개를 끄덕였다.

「그 말이 맞습니다. 여러 모로 생각하고 있습니다.」

「실례의 말을 했습니다. 나는, 경기 공자가 초나라에 가서 초나라 힘을 빌지 않을까 해서 불안하기에 말한 것입니다.」

「지당합니다. 나도 그것을 걱정하고 있습니다.」

경기는 아직 위나라에 있었다. 본국에 큰 변란이 일어나고 경기의 아버지 요왕은 피살되었으며 그 원수인 합려가 왕위에 앉은 지금으로서는 볼모로서의 경기는 아무 값어치도 없어졌지만, 위나라는 전보다 더 그를 정중히 대우하고 있었다. 경기가 세상에 드문 용사이며 또한 현명했기 때문이다. 위나라는 경기의 마음을 굽어보고 신하로 기용하려 하고 있었다.

위나라 뿐이 아니다. 다른 나라도 역시 경기를 탐내고 있었다. 다행스럽게도 자만심이 높은 경기가 남의 신하로 있기를 바라지 않고 혼자 힘으로 일을 이루려고 하는 것이었다.

그러나, 이 정세가 더 나아가면 여러 나라에서 경기의
복수를 위해 군사를 빌려줄는지 모른다. 그 중에서도 초
나라가 그렇게 할 가능성이 가장 많았다. 역대에 걸쳐
원한을 거듭하고 있는 오나라와 초나라 사이이고, 현재
경기의 숙부인 개여와 촉용이 항복하여 초나라를 위해
서성을 지키고 있다. 두 사람으로 하여금 경기를 설득하
여 유혹하는 일은 가장 있음직한 일이었다.

책을 다 엮으면 곧 우길에게 시켜 보내든가, 스스로
갖고 가겠노라고 손무는 말했다. 오자서는 도읍으로 돌
아갔는데, 곧 대궐로 들어가 합려를 배알하고, 경기를
어떻게 할 것인가를 물어 보았다.

합려는 얼굴빛을 흐렸다.

「늘 생각하고 있는 일이지만 묘책이 떠오르지 않소. 대
군을 보낼 수는 없소. 용사 하나를 보내 암살하는 수밖
에 없지만, 상대는 만부 부당의 용사이고, 게다가 그 밝
은 지혜는 진경(秦鏡) 같은 인물이오. 그 책임을 완수할
인물이 이 세상에 있을 것 같지 않소. 그것을 생각하면
나는 밤잠도 편히 잘 수 없고 밥맛도 없소.」

자서는 앞으로 무릎을 끌고 나가서 말했다.

「소신이 마음 속으로 생각하고 있는 사람이 한 사람 있습니다. 신분이 얕고 세상에도 알려지지 않았지만, 반드시 큰일을 할 사람이라고 소신은 믿고, 전부터 오래 사귀고 있습니다.」

「상대는 경기야. 방금 말한 그런 인물이오. 어지간한 사람이 아니고선 안돼.」

하고 합려는 못마땅한 듯이 말했지만, 자서가 이렇게까지 열심히 권하니, 다시 생각했는지 태도를 바꾸어,

「누군가?」

하고 물었다.

「요리(要離)라는 자입니다. 방금 아뢰었듯이 신분이 얕은 자입니다. 용모나 몸집도 보통입니다. 또한, 지금까지 남의눈에 띌 만한 일도 한 것이 없습니다. 그 이름을 듣지 못하셨슴은 지당하십니다. 그러나, 본바탕은 대단한 용사입니다. 소신은 그것을 이 눈으로 보았습니다. 신분도 낮고 용모도 몸집도 보통이고 게다가 명성도 없고, 그러나 마음 속에는 대단한 용기를 갖고 있다니, 이 일에는 가장 적합하지 않을까요. 비천하고 범용하고 이름 없다는 것은 상대방에게 경계심을 일으키지 않고 가까이 할 수 있고, 그 용기는 일을 결행할수 있을 것입니다.」

열성적인 자서의 말에 합려는 꽤 마음이 움직였으나 다시 물었다.

「그만큼 권하니 한번 만나보겠지만, 그대가 그렇게 마음에 들어하는 까닭이 무엇인가?」

자서는 요리에 대한 일을 이야기했다. 제나라 용사 초구흔(椒丘訢)과의 일을 상세히 설명했다.

이 이야기가 합려의 마음을 크게 움직였다.

「나는 그 사람을 위해 연회를 베풀겠소. 데려 오도록 하오.」

날짜를 정하고 자서는 물러나왔다.

그 날이 되자 자서는 요리를 데리고 궁전으로 들어갔다.

자서가 말했듯이 요리의 몸집이나 용모는 아주 평범했다. 어디에도 용기와 힘이 있어 보이지 않았다. 합려는 실망했으나, 초대한 사람을 돌려보낼 수는 없었다. 연회를 열고 술이 몇 순배가 돌아갔을 때 말했다.

「그대는 어떤 사람이냐?」

「저는 도성에서 동쪽으로 천 리나 떨어진 시골 구석에서 태어난 사람입니다. 따라서, 학문도 없고 지혜도 없는 사람입니다. 또한, 힘으로 말하면 보시다시피 나약한 몸이라 북풍을 만나면 쓰러지고 남풍을 만나면 허리 굽히는 겁쟁이입니다. 하지만, 대왕님께서 소신에게 분부를 내리신다면 저는 힘이 자라는 대로 노력하겠습니다.」

그 옛날의 중국인은 흔히 이런 말씨를 썼다. 겸손이라기 보다 효과를 계산한 것이다.

합려는 얼마 동안 덤덤히 입을 열지 않았다.

그러자, 요리는 일어나 왕 앞으로 걸어가 말했다.

「전하께서는 경기 공자의 일이 걱정되시는 것이 아닙니까? 그러하오면 소신이 처리하겠습니다.」

단호한 태도였으나, 합려의 마음에는 탐탁치 않았다.

「그대는 경기가 어떤 인물인지 알고 있는가?」

하고 그의 용기와 힘, 그의 빠른 재주, 그의 지혜에 대해 설명했다.

「그대는 그것을 알고서도 굳이 그렇게 말할 수 있겠는가?」

하고 말했다.

요리는 망설이지 않았다.

「소신에게는 좋은 묘책이 있습니다. 소신이 대왕님에게 나쁜 짓을 꾀했다는 명목으로 체포령을 내려 주십시오. 그러면, 소신은 오나라에서 떠나겠습니다. 이것이 첫 단계입니다. 다음은 소신이 국경을 넘으면 소신의 아내와 자식을 체포하여 사형에 처해 주십시오. 이것이 두 번째 단계입니다. 소신은 경기에게 가서 전하의 무모함을 호소하고, 공자의 도움으로 원수를 갚겠다고 청원하겠습니다. 경기는 반드시 소신을 믿고 가까이 할 것입니다. 나머지는 단칼에 찌르는 일 뿐입니다.」
하고 말했다.

왜 요리는 처자식을 희생시키는 처참한 일까지 감히 하면서 합려를 위해 충성을 다했던 것일까? 오늘날의 우리로서는 이해가 가지 않는다. 전에 전제의 경우가 있었다. 그러나, 전제는 훨씬 전부터 합려가 정중히 도와 주고 은의를 입혔지만, 요리의 경우에는 그런 것이 없었다.

또한, 이렇게 생각할 수도 있다. 전제의 경우도 합려에게 은의라고 할 만한 것은 입지 않았다.

꾸준히 합려가 보내주는 선물을 받았을 뿐이다. 그 선물에 의해서 생활에 도움이 된 것도 아니고 보내달라고 요구했던 것도 아니다.

그렇다면, 오자서와 합려에 대한 우정 때문에 목숨을 바친 것일까? 그래도 의문이 남는다. 오자서나 합려나, 언젠가는 전제를 이용하려는 속셈이 있었기에 교제를 맺은 것이다. 그런 교제에 우정을 느낄 필요가 있다고 생각할 수 없기 때문이다.

　요컨대, 전제는 자기라면 큰 일을 할 수 있다고 믿고 두 사람이 자기를 그렇게 대우해 준 일에 대하여, 그 기대에 배신하지 않기 위해 목숨을 던져 요왕을 찌른 것이다.

　사나이로 보아준 것에 감격하여 사나이로서 죽은 것이다.

대장부의 의리로서 죽은 것이다.

　이런 해석으로 요리의 기분도 역시 해석할 수 있으리라.

　요리의 경우, 오자서는 믿을 수 있었지만 합려는 믿을 수 없었다. 그러나, 요리로서는 오자서의 기대에 보답하고, 합려에게 자기의 대장부다운 참면목을 보여주고 싶었으리라.

　이런 일은 현대인이 보면 어리석은 짓이다. 그러나, 사나이의 의리라든가 협기(俠氣)라는 것은 본디 이런 것이다.

「좋아! 그러면 그렇게 하도록 하지.」

하고 합려는 승낙했다.

　계획이 정해지고, 요리에게는 선왕 요를 위해 합려 암살을 꾀했다는 혐의로 체포령이 내렸다. 요리는 오나라를 떠났고, 그의 처자식은 체포되어 반역자의 가족으로 시장 광장에서 화형에 처해졌다.

　요리는 여러 나라를 방랑하면서,

「오나라 왕은 무고한 죄를 나에게 입혀 체포하려고 했을 뿐 아니라, 나의 처자식을 붙들어 극형에 처했다. 무도한 자이다.」
하고 줄곧 원한의 말을 떠들었기 때문에, 합려의 악명과 요리의 이름은 천하에 알려지게 되었다. 모든 일은 계획대로 되었다.

그 무렵 손무는 병서를 다써서 우길을 시켜 자서의 집으로 보냈다.

그 책은 13편으로 엮어져 있다.

시계(始計), 작전(作戰), 모공(謀攻), 군형(軍形), 병세(兵勢), 허실(虛實), 군쟁(軍爭), 구변(九變), 행군(行軍), 지형(地形), 구지(九地), 화공(火攻), 용간(用間)이다. 비단에 먹으로 씌어 있었다.

오자서는 읽기 시작하자 책을 떼어 놓을 수가 없었다. 하루종일 읽고도 싫증이 나지 않았다. 불을 켜고 읽고, 한밤중이 되어서야 다 읽었다.

손무가 처음에 말했듯이 구체적인 기술은 매우 적었고, 거의 모두 추상적으로 쓰여 있었지만, 그만큼 함축이 있고 자유자재로 활용할 수 있을 것 같았다.

「세상에 보기드문 명저(名著)로군!」

하고 몇 번이나 감탄했다.

자서가 이것을 손무에게 쓰도록 한 것은, 자기가 읽기 위해서가 아니라, 합려에게 읽힘으로써 손무의 기량을 인정시키기 위해서였다.

「소신은 요즘 보기 드문 좋은 책을 얻었습니다. 태공망 (太公望)의 병서라는 것이 있다는 말은 들었습니다만, 소신은 아직 본 적이 없습니다. 그러나, 이 책은 아마 그 것에 결코 못지 않으리라고 생각합니다. 그런 좋은 책 은 혼자 차지해서는 안된다고 생각하기에 대왕님께 헌 상하는 바입니다. 정무의 틈틈이 보시기를 바라겠습니 다.」

하고 13편을 바쳤다.

「책이라니 진귀한 것을 주는구려.」

삼나무 탁자 위에 쌓여 있는 맨 위의 1권을 들어 펼쳐 잠깐 보고,

「손자 가라사대, 라고 쓰여 있는데, 손자란 누구인가?」

하고 물었다.

「손자에 대해서는, 대왕께서 다 읽으신 뒤에 말씀드리 겠습니다.」

「으음, 그래.」

그다지 흥미가 없는지 두루마리 책을 제자리에 놓고,

「고맙게 받겠소. 감사하오.」
하고 말했다.

「읽으셔서 결코 손해되는 일이 없는 책이라고 소신은
믿고 있습니다. 부디 틈틈이 읽어 주시기 바랍니다.」
하고 자서는 물러나왔다.

한편, 요리는 어떻게 되었을까?

요리는 자기 평판이 천하에 알려졌을 무렵을 기다려서
위나라에 가서 경기의 저택을 방문했다.

「공자를 배알하고 부탁드리고 싶은 일이 있어서 왔습
니다. 말씀 전해 주시기 바랍니다.」
하고 말했다.

요리의 이름은 경기의 귀에도 전해져 있었다. 자기와
똑같이 합려에게 원한을 품고 있는 인물이라고 생각하
고 있었다. 곧 만나 주었다.

요리는 눈물을 흘리고 이마를 마룻바닥에 비비며 합려
가 자기에게 무고한 죄명을 씌운 것부터 시작하여, 처자
식이 체포되어 화형당한 것을 말하고, 그칠 줄 모르는
원한을 호소했다.

「합려의 무도함에 의해 무고한 몸으로 횡사한 처자식
생각을 하면 하루가 천추 같습니다. 이 원한을 갚지 못
하면 사나이가 아니라고 생각합니다만, 보시다시피 힘

도 없고 무용도 없는 몸입니다. 상대는 강국의 왕입니다. 도저히 이룰 수 없는 일입니다. 여러 가지로 생각한 끝에 공자의 힘을 빌리려고 왔습니다. 합려는 공자에게도 부왕의 원수입니다. 반드시 복수하려고 생각하고 계실 줄로 압니다. 공자의 무용에 힘입어 저도 뜻을 이루고 싶습니다. 저는 오나라의 형편을 잘 알고 있습니다. 반드시 합려를 쳐 없앨 수 있습니다. 저를 안내자로 써서 오나라로 쳐들어가 주시기 바랍니다.」
하고 간절하게 설득했다.

건장한 몸과 영웅적인 용모의 경기는 이를 갈며 듣고 있다가 고개를 끄덕였다.

「좋아, 우리집에 있게. 나는 반드시 합려를 무찔러 버릴 것이네.」

장강(長江)에 죽다

경기는 요리가 오기 전부터 오나라를 쳐서 부왕의 원수
를 갚기 위한 준비를 하고 있었다. 자부심이 강하고 자
신의 역량에 충분한 자신을 갖고 있었던 그는, 제후(諸
侯)의 힘을 빌리지 않고 일을 이루려고 결심하고 의용병
을 모집했다.

「오나라 정통의 왕은 나다. 나는 거병하여 본국의 역적
을 치고, 부왕의 원수를 갚아 오나라 왕위에 오르고자
한다. 하늘은 불의를 미워하므로, 반드시 나를 도와 효
도를 이루어 주리라. 바라건대, 의로움을 좋아하고 악을
미워하는 협객(俠客)은 나를 도와주기 바란다. 일이 성
취되어 내가 오나라 왕이 되면 반드시 후하게 보답하겠

다. 오나라는 땅이 천 리나 되고, 풍부한 옥토가 이어져 있다. 강과 바다를 끼고 있어 해산물과 소금도 많이 생산되므로 천하 열국이 부러워하는 바이다. 나는 동지들과 이것을 같이 나누어 갖기를 맹세한다.」
라고 선언하고, 널리 천하에 모병했다. 그런데, 요리가 와서 합려의 포악함을 호소했다. 오나라에서는 위로는 공족·경·대부를 비롯하여 서민에 이르기까지 합려를 미워하고, 경기가 정의의 군사를 이끌고 오기를 고대하고 있다. 만일, 경기의 선봉대가 국경에 들어오면 오나라 백성은 환호 소리를 울리며 군대를 환영하고, 한편에서는 거꾸로 창칼을 돌려 도성을 향해 밀려갈 것이며, 합려를 주살할 것이라고 설명했으므로, 더욱 모병에 열을 올렸다.

경기는 모병에 응해 오는 사병을 모두 받아들이지 않았다.

한 사람 한 사람 엄중히 검사하여, 체력이 나약한 자나 품성이 좋지 않는 자는 일절 받지 않았다. 따라서, 모병에는 시간이 걸렸지만, 요리가 온 두 달쯤 후에는 천여 명을 모을 수 있었다.

「사병이 반드시 많을 필요는 없다. 정병 천 명만 있으면 천하에 무서울 것이 없다.」

하고 모병을 끝마치고, 날마다 맹훈련을 시켰다.

그 동안에 요리를 불러, 오나라의 형편을 물었다. 요리는 말재주가 좋은 사나이다. 그가 제나라 용사 초구흔을 굴복시킨 것이 그 말 재주였슴은 여러분도 알 것이다. 경기의 질문에 대한 그의 대답은 물흐르는 듯했으며, 더구나 독자적인 날카로운 관찰이 있는 듯했다. 경기는 요리의 사람됨을 믿고 친애하게 되었다.

(경기에게 접근할 수 있으면, 나머지는 단칼에 찌르는 것 뿐입니다.)

하고 요리는 합려와 오자서에게 장담했지만, 실제로 경기를 만나보니, 그렇게 쉽게 해치울 상대가 아니었다. 경기의 용기와 힘이 사람 재주를 뛰어넘는 비상한 것임을 자기 눈으로 보고 난 뒤부터, 요리는 손발도 내밀지 못했다.

경기는 날마다, 사병 훈련을 시작하기 전에, 뜰에 나가 활을 쏘고 칼을 휘두르며 자기 몸을 단련했는데, 모두 놀랄만한 재주였다.

그 활은 장사 다섯이 활줄을 잡고 발로 밟고 힘을 합쳐 당겨도 끄떡하지 않을 만큼 강했으나, 경기는 계속 쉽게 당기고, 활을 쏘아서 백발백중의 묘기를 보여주었다.

「언젠가는 장난으로, 매단 종을 과녁으로 삼아 쏘았는

데, 쉽게 종을 꿰뚫었습니다.」
하고 경기의 가신이 말했다. 초인적인 무용이 있는 주인
을 모시고 있슴을 자랑했다.

본 적이 없었지만, 요리는 그 이야기를 믿었다. 그만큼
강한 활이었다.

경기의 칼은 보통 장검의 3배 이상의 무게였고, 길이,
두께, 너비도 굉장히 컸다. 경기가 그것을 쥐고 휘두를
때는, 다만 바람을 자르는 휙 휙 하는 소리만 들릴 뿐,
칼의 모양은 보이지 않았다.

「날아가는 제비라도 그 칼끝을 벗어나지 못합니다.」
하고 가신은 자랑스럽게 말했다. 어느 날 아침에 요리는
그것을 실제로 보았던 것이다.

경기가 칼을 휘두르고 있는 뜰에 제비가 날아들었다.
뜰구석에는 큰 버드나무가 잎이 우거진 가지를 드리우
고 있었는데, 그 언저리에 벌레가 많아서 먹이를 잡으로
온 것이다. 제비는 지붕 저 쪽에서 화살같이 날아와서
버드나무 옆을 스쳐 하얀 배를 드러내고 하늘로 날아오
르는 비행을 되풀이했다. 경기는 그것을 이 쪽에서 보고
있다가, 한 두발짝 뛰어가 칼을 내리쳤다. 제비는 목부
터 두 조각으로 잘리어 떨어졌다.

작은 산 같은 몸집인데도 귀신같은 이 민첩함과 정묘

함을 다한 이 마술에는 혀를 내두를 수 밖에 없었다.

경기 앞에 나가면 요리는 무서움에 온몸을 죄고 손발이 움츠러들었다. 마음은 초조했지만 어쩔 수 없었다.

요리가 온 후로 석 달째가 되자 모든 준비가 갖추어지고, 경기는 그 무렵 위나라 도읍인 제구(帝丘)를 출발하여 오나로 향했다.

경기는 혼자 힘으로 거사했으므로 군자금이 모자랐다.

전거는 한 대도 없었다. 대장급만이 말을 탔으며 나머지는 모두 걸어갔다. 송나라, 진나라, 채나라를 지나고 초나라 국경 가까이에 있는 서성에 들어가, 숙부인 개여와 촉용을 만났다.

오랜만의 만남인데다가 호용 무쌍한 조카가 복수를 위해 정병을 이끌고 귀국하는 길이었으므로, 두 숙부는 기쁜 눈물을 흘리고 맞으며,

「천천히 쉬고 기력을 새로 차린 뒤에 가는 것이 좋겠네. 장강을 내려갈 배 준비는 우리가 해주마.」

하고 말했다. 사병들의 접대에도 신경을 써 주었다.

개여와 촉용은 경기를 장강까지 전송하면서, 준비해 둔 10여 척의 배를 내주었다. 그 배에 나누어 타고 장강을 내려갔다.

요리는 경기와 같은 배에 탔다. 넓은 장강을 배를 연이

어 돛을 올리고 내려감에 따라 요리의 마음은 점점 초조
해졌다. 배는 내일 오후에는 천문산을 지나 오나라 영토
로 들어간다. 그 전까지 일을 마치지 못하면 더욱 곤란
해진다고 생각한 그는, 가슴을 두근거리며 틈을 노렸다.

 이윽고, 강한 바람이 불어오자 돛은 팽팽해지고 배는
쏜살같이 빨라졌다. 바람이 세게 불기 때문에 경기도 좌
우의 사병들도 고개를 돌려 하류 쪽만 보고 있었다. 요
리는 꾀를 내어 자리에서 일어나, 고물 쪽으로 가서 일
부러 자기 모자를 물속에 떨어뜨렸다.

「아차, 실수했군!」

하고 요리가 외치자 사람들은 껄껄 웃었다.

 경기도 고개를 돌려, 머리에 손을 얹고 있는 요리를 보
고 웃었지만, 바람이 세게 불어서 오랫동안 볼 수는 없
었다. 곧 먼저 자세로 돌아갔다.

 요리는 일부러 중얼거리며 뱃전으로 다가가, 그 곳에
세워둔 긴 창을 뽑아 들고, 물결 사이를 떠도는 모자를
끌어당겨 건지면서 창대를 번갈아 손으로 당기는 시늉
을 하다가, 별안간 자세를 잡더니, 넓고 건장한 등을 향
해 모든 힘을 모아 찔렀다.

 방심하고 있던 경기였다. 날이 넓은 구리창 끝이 경기
의 등에서 앞가슴까지 뚫었다.

「뭣하는 거냐!」

경기는 돌아보며 호랑이처럼 외치고 격분하여 몸을 거칠게 비틀었다. 어마어마한 힘이었다. 창대가 뚝 부러지고, 창손잡이를 쥔 요리는 날려가 뱃바닥에 나동그라져 물 속에 떨어지려고 했다. 경기는 창손잡이를 잡고 획 당겼다. 그것에 이끌려 요리가 끌려왔다. 경기는 요리의 어깨를 잡고, 몸에는 창날이 꽂힌 채, 뱃전으로 요리를 끌고 갔다. 목덜미를 눌러 거꾸로 요리를 물 속에 처박았다. 요리가 괴로워서 버둥거리는 것을 꾹 눌러서 세 번이나 물 속에 처박아 괴롭힌 다음 끌어올렸다.

「너는 내게 무슨 원한이 있어서 이런 짓을 했느냐?」

「저는 오나라 왕의 부탁을 받았습니다. 이제 일은 끝냈습니다. 죽여 주십시오. 이제 여한이 없습니다.」

얼굴은 파리했지만 요리의 대답은 당당했다.

경기는 불길같은 눈으로 노려보다가 갑자기 빙긋 웃었다.

그는 요리를 무릎 위에 안아 올리고 어깨를 두드리며,

「너는 천하의 용사다! 나에게 대항하여 나를 창으로 찌르고 나를 죽이다니, 훌륭한 사나이다!」

하고 칭찬했다.

경기의 근신들이 요리를 괘씸하게 생각하여 죽이려고

했지만 경기가 말렸다.

「이 사나이는 천하의 용사다. 죽이면 하루에 천하의 용사가 둘 죽게 된다. 그만두어라. 살려서 오나라에 보내 주고, 이 사나이의 오나라 왕에 대한 충성심을 널리 세상에 알려 주어라. 결코 죽여서는 안된다.」

하고는 숨이 끊겼다.

뜻밖의 이 참사로 인해 천 명의 용사들은 희망을 잃고 배를 돌렸다. 경기의 근신들은 유언을 지켜 요리의 목숨을 살려 주고 종자를 붙여 오나라로 보냈다.

그 배가 장강을 내려가 강음(江陰)에 닿았다. 태호(太湖)와 장강 사이의 무석(無錫) 평야는 장강을 바라보는 쪽에 있는 마을이다. 이 무렵에는 어촌에 지나지 않았으리라.

사공이 배를 기슭에 대려고 하자, 요리가 말했다.

「왜 그러세요?」

하고 종자가 물었다. 요리는 굳센 태도로,

「나는 내가 한 일에 대해서 크게 반성해야 한다. 주군을 위한 일이지만, 나의 처자식을 죽인 것은 인정과는 먼 무자비한 일임에도 불구하고 나는 감히 그런 짓을 했소. 새 주군을 위해 충성을 다하는 일이라고 하더라도 선왕의 왕자를 죽인다는 건 의리에 어긋나는 일임에도 나는 감히 그런 일을 했소. 자신의 목숨을 아껴 의리를 버린다는 것은 대장부로서 존경할 가치가 없음에도 나는 감히 그것을 하려는 거요. 세 가지 모두 좋지 않은 일을 하고서도 태연히 세상에 나가 부귀한 신분이 된다면, 나는 천하의 장부들에게 낯을 들 수 없소. 나는 내가 갈 길을 알고 있소!」

하고 말하더니 풍덩 물 속으로 뛰어들었다.

종자는 당황하여 뱃사람들을 시켜 요리를 구했다.

요리는 많은 물을 마시고 정신을 잃었으나, 얼마 뒤에 정신을 차리고는 이를 갈며 원망했다.

「그대들은 내가 죽지 못할 것으로 생각하는가?」

「죽음을 서두를 필요는 없습니다. 당신은 오나라 도읍으로 돌아가면 굉장한 출세가 기다리지 않습니까? 왜 그렇게 손해와 이득을 모르는 일을 합니까?」

하고 종자들은 그를 달래고 도와서 배를 기슭에 대자, 요리를 여인숙으로 데리고 들어갔다.

요리는 입을 다문 채 누워서 간호를 받고 있다가, 종자가 방심한 틈을 노려 칼을 뽑아 자살하고 말았다.

경기가 요리에게 살해되었다는 것이 천하에 알려졌다.

경기가 초인적 호용의 인물이었던만큼 여러 나라에서

는 놀랐고, 그 죽음을 애석히 여겼다. 경기 같은 용사가 독살되었다면 모르거니와, 사람의 손에 의해 무기로 죽게 되리라고는 아무도 상상하지 못했던 것이다.

〈바위가 흐르고 나뭇잎이 가라앉는다고 하지만, 세상에는 뜻밖의 일이 있을 수 있구나!〉

하고 모두 깊은 감회에 빠졌다.

그 중에서도 가장 강한 충격을 받은 것은 초나라 사람들이었다.

초나라 사람들의 감회는 다른 나라 사람들과 달랐다. 지금은 벌써 초나라 사람들은, 합려의 모신(謀臣)으로 오자서가 있다는 것을 알고 있었다.

합려의 반란도 이번 일도 모두 오자서의 책략에 의한 것으로 보고 있었다.

(오자서는 자기 아버지와 형의 복수를 하기 위해 반드시 우리 초나라에 앙갚음을 하겠다고 망명했다. 그가 합려를 위해 이처럼 충성을 바치고, 합려를 오나라 왕으로 앉히고 합려의 지위를 탄탄하게 굳힌 것은 모두 우리 초나라를 치기 위해서다.)

라고 생각하지 않을 수 없었다.

백비가 오나라에서 요직에 기용된 것도 불안했다.

이 사나이도 평왕에게 아버지가 죽음당하여 초나라에

원한을 품고 있을 것이다.

　이 불안이 초나라 중신들 사이에 비무기를 배척하는 분위기를 조성시켰다. 평왕이 이미 죽은 이상 오자서의 원한이나 백비의 원한도 비무기 한 사람 뿐일 것이다. 비무기가 없어진다면, 그 두사람의 원한도 가라앉을 것이라고 생각하기 시작했다.

　이런 생각은 중신들만이 아니라 일반 백성들 사이에도 있었다. 오나라가 침략해 들어올지 모른다는 두려움은 누구나 느끼고 있었다. 대체로 민중은 음험하고 책모적인 사람을 좋아하지 않는데, 비무기는 전형적으로 그런 인물이었다.

　〈비무기만 없다면 우리는 이런 불안한 처지에 놓이지 않을 것이다.〉
하고 속삭이는 사람들이 많아졌다.

　어느 날, 대부(大夫) 심윤술(沈尹戌)이 초나라 공족이며 장군인 자상(子常)의 집으로 찾아왔다. 자상은, 평왕이 죽었을 때 소왕 진(珍)은 나이가 어리므로 영윤 자서(子西)를 왕위에 앉히는 것이 좋다고 주장한 사람이다.

　심윤술은 자상하게 말했다.

「지금 우리나라가 오나라와 접경하고 있는 지방에서는 백성들이 불안해서 밤잠도 제대로 못 이룬다고 합니다.

그 불안이 무엇 때문인지는 말씀드리지 않아도 잘 아실 줄 압니다. 이러한 상태는 비무기 때문입니다. 그 사나이는 음험하고 권세욕이 강하고 자기 출세를 위해서는 어떤 짓도 합니다. 생각해 보십시오. 본디 태자 건의 비로 정해진 진나라 공주를 선왕에게 권한 것은, 그가 선왕의 마음에 들기 위해 한 짓입니다. 그 뒤 건 태자를 선왕에게 참언하여 다른 나라에 내쫓고 나그네 길에서 횡사하도록 만들었습니다. 장왕 때부터 역대 충신 가문이며 본인도 충성스럽기 짝이 없었던 오사와 그의 아들 자상이 형벌로 죽은 것도 비무기의 참언에 의한 것입니다. 선왕이 대단히 총애하던 극완이 죽게된 것도 역시 그렇습니다. 이런 일로 해서 건 태자의 아들 승도, 오사의 아들 자서도, 극완의 아들 백비도 모두 오나라에 망명하여 우리나라에 원한을 품고 보복을 노리고 있습니다. 이런 때에 만일 비무기를 없앨 수 있다면 그들의 원한도 가라앉힐 수 있지 않을까요?」

자상이 생각에 잠기자 심윤술은 다시 말했다.

「비무기를 원망하는 소리는 항간에 넘치고 있습니다. 백성은 모두, 평왕이 비무기처럼 음험하고 간악한 자를 가까이 하기 때문에 초나라의 국위가 약해졌다고 말하고 있습니다. 그 같은 자를 가까이 하지 않았더라면 선

왕은 명군이라는 이름이 드높은 성왕이나 장왕과 다를
바 없이 훌륭한 선정을 베풀어 국위를 천하에 떨치고,
오나라의 침공에 전전긍긍해야 할 오늘날처럼 되지는
않았으리라고 안타까워하고 있습니다.」

「…….」

「이렇게까지 말씀드렸으니 이젠 망설일 필요가 없습니
다. 감히 말씀드리겠습니다. 비무기를 없애주십시오. 그
녀석은 건태자의 비를 빼돌려 선왕의 비로 바쳤고, 그
일로 해서 지금의 왕이 태어났다는 인연으로 두터운 신
임을 받고 있습니다만, 그 같은 자를 언제까지나 멋대로
내버려 두면 마침내는 각하의 몸에도 그런 일이 생길지
모른다고 저는 염려하고 있습니다.」

점점 움직이기 시작했던 자상의 마음이 이 말에 가장
크게 움직였다. 이렇게까지, 여러 사람들이 아래위 할
것 없이 비무기를 미워하는 이상, 비무기의 운명은 이미
결정된 것과 다름없지만 아직 숨이 끊긴 것은 아니었다.
급한 곤경에 빠지면, 중신 중에서도 가장 세력자인 자기
를 넘어뜨리고 그 자리를 차지 하려고 소왕에게 참언할
지도 모른다. 그런 일쯤은 하고도 남을 사나이라고 생각
했다. 그래서 드디어 자상은,

「그대의 말이 모두 옳소. 좀더 생각하고 나도 결심하겠

소.」

하고 대답했는데, 며칠 뒤 사병을 풀어 비무기를 죽이
고, 아울러 그 가족들을 모두 죽였다.

초나라 사람들은 귀천을 가리지 않고 모두 좋아했다.

비무기가 초나라에서 주살되었다는 소식은 오나라에
도 알려졌다.

「이걸 어떻하지!」

오자서는 신음했다. 평왕은 이미 없고 비무기도 역시
주살된 지금으로서는 당면의 원수는 없어진 셈이다. 그
러나, 원한을 품고 보복하리라는 각오는 굳게 정했지만,
결코 때를 놓쳤다는 마음은 어쩔 수 없었다.

자서는 승을 만나, 이 결심을 전하려는 생각에서 진택
으로 심부름꾼을 보냈다. 심부름꾼은, 이틀 뒤에 진택의
가령(家令)을 데리고 돌아왔다.

「왕손께서는, 심부름꾼이 오기 이틀 전부터 행방을 감
추었습니다.」

군자(君子)의 교제

「뭐라고? 그건 어찌된 일이냐?」

오자서는 가령의 말을 잘 알아들을 수 없었다.

「왕손께서는 심부름꾼이 오기 이틀 전에 도성으로 간다고 말씀하시고 집을 나가셨습니다. 종자는 한 사람도 데리고 가시지 않았는데, 이런 일은 여태까지 흔히 있던 일이라 저희들은 특별히 관심도 갖지 않고, 댁에 가신 줄로 알았습니다. 그런데, 심부름꾼을 보고 깜짝 놀랐습니다.」

하고 말한 뒤, 가령은 덧붙여서,

「그 일에 대해서 말씀드릴 것이 있습니다.」

하고 매우 뜻밖의 이야기를 했다.

승이 없어지기 며칠 전, 초나라의 영윤인 자서와 장군 자상의 사자라고 하는 사람이 승을 찾아와서, 옆의 사람들을 물리친 뒤에 뭐라고 승을 설득했다. 승은 기분 언짢아하며 본체만체 응대하는 듯했으나, 그 사람이 이틀이나 묵고 있는 동안에 꽤 기분이 나아졌고, 그 사나이가 떠날 때는 몇십 리나 배웅해 주었을 정도였다고 한다.

승이 도성으로 간다고 한 것은, 그 날부터 사흘 뒤의 일이었다.

「저희들은 전혀 영문을 모르는 일입니다만, 지금 짐작해 보니, 왕손님의 가출과 전혀 관계없는 일 같지 않습니다.」

하고 가령은 말을 맺었다.

자서는 아뿔사, 하고 혀를 깨무는 듯한 느낌이 들었다. 초나라의 평화 공작의 한 꾀임이 틀림없다고 생각했다. 승을 불러서 후하게 대우하면 승이 초나라에 대한 원한도 풀어지고, 결국 초나라에 원망을 품고 있는 사람 하나를 변심시켜 자기 편으로 만들 수 있다.

(승은 전부터 초나라에 대한 강한 울분이 없었다. 재앙을 만난 것이 너무 어린 시절이었으므로 잊어버렸는지도 모른다. 정나라에서 건 태자가 죽음을 당하자 오나라

로 도망쳐 오는 도중 심한 고생을 했지만, 무엇보다 그 기간이 짧았다. 오나라에 온 뒤에 내가 광 공자에게 부탁하여 후한 보호를 받도록 하여 뭇하나 어려움 없이 보냈다. 아마, 나라에 대한 원한은 잊어버렸을지 모른다. 지금 생각해 보면 나는 승을 대할 때 언제나 물에 젖은 숯불을 피우는 기분이 들었다. 그런 식이었으니 무료한 떠돌이 생활에 싫증나서 쉽게 유혹에 빠졌으리라.)

하고 승의 마음 속을 분석했다.

(초나라도 승을 유인하여 죽이는 악랄한 짓은 하지 않으리라. 그러면, 역효과밖에 나지 않는다. 생각건대, 초나라는 승을 후대함으로써 원한을 무마하는 것이 첫째 목적이리라. 여러 나라에 대하여, 초나라는 전의 잘못을 뉘우쳐 승을 후대하고 승도 만족하고 있다. 승의 신하인 오자서와 백비가 언제까지나 초나라에 원한을 품고 복수심을 버리지 않는 것은 이치에 닿지 않는 일이라고 보이게 하는 것이 두 번째 목적이리라.)

하고 판단했다.

자서의 마음속에 검은 연기 같은 분노가 소용돌이쳤다.

(줏대가 없는 승이로군! 근성이란 조금도 없어! 그러나, 나는 결코 포기하지 않는다. 단 혼자가 되어도 나는

초나라에 보복할 테다!)

하고 분개했다. 불안한 자서는 백비를 자기 집으로 불렀다. 백비에게도 유혹의 손이 뻗어왔을지 모른다고 생각했기 때문이다.

백비가 곧 찾아왔다.

자서는 승에 대한 이야기를 하고, 자신의 해석까지 말해 주었다.

백비는 웃었다.

「그래서 나에게도 초나라에서 사자가 왔거나, 또는 오지 않을까, 하고 생각하시는 것입니까?」

「그렇소. 만일 온다면 그대는 어떻게 하겠소?」

「그대라면 어떻게 하겠습니까? 나한테 올 정도라면 그대에게도 올 것입니다.」

자서는 잠자코 있었다. 분명히 백비의 말대로였다. 자기도 백비도 육친의 죽음을 당했다. 초나라가 백비의 분노를 무마할 수 있다고 생각할 것이다.

자서는 신중히 대답했다.

「그 말이 맞소.」

「귀공은 결코 그 말에 따르지 않으시겠지요?」

「결코 따르지 않겠소.」

「나도 마찬가지입니다.」

둘은 절대로 원한을 잊지 말고, 반드시 초나라를 멸망시키자고 맹세했다.

이윽고, 승에 대한 소식이 들려 왔다. 초나라는 승을 따뜻이 맞아서 백(白)의 땅을 봉토로 주었다. 초나라는 그 영지 안에 비명으로 죽은 건 태자를 위해 훌륭한 사당을 세우고 승더러 제사를 지내도록 했다는 말도 전해졌다.

초나라가 승의 원한을 무마하려고 얼마나 애쓰는지 알 수 있었다.

초나라의 이 처치는 여러 나라 사이에서 평판이 좋았다.

〈전의 평왕은 간사한 사람을 가까이 하여 부자(父子)의 친밀을 깨뜨리고, 충직한 신하를 해치고, 어리석다는 소문을 천하에 퍼뜨렸지만, 지금의 소왕은 잘못된 정사를 바로잡고 있다. 어진 대왕이라고 할 만하다. 멀지 않아 국위가 크게 뻗어 장왕 시대처럼 될 것이다.〉
라고 했다.

자서는 초조했다. 백비도 초조했다.

하루라도 빨리 초나라를 정벌하지 않으면, 때가 흐름에 따라 초나라는 강대해지고, 일은 어려워지리라고 의견이 일치했다.

　자서는 합려를 배알하고, 전날 헌상한 책은 보셨는가
고 물었다.
　합려는 귓등을 긁었다.
「조금 읽었지만, 다 읽지는 못했소.」
　열쩍어하는 모양으로 보아, 자서는 합려가 전혀 읽지
않았다는 것을 알았다. 속으로는 화가 났지만 그것을 감
추고, 읽어 보십시오, 읽으서서 결코 손해된다고 생각하
시지는 않으리라고 믿습니다. 하고 전과 같이 말을 했다.
「그럼 곧 읽도록 하지. 그런데, 손자란 누구요? 그대는
그 때, 대답을 얼버무렸는데...」
「손무입니다. 언젠가 대왕님께서 초나라 편을 든 6개
국 연합군을 주래에서 격파하고, 그 여세를 몰아 초군까
지 격파한 일이 있었습니다. 그 때의 전술을 세워 준 사
람입니다. 그 때 대왕께서는 손무를 신인(神人)이라고까
지 격찬하시고, 막하에 두고 싶다고 말씀하셨습니다. 기
억하시는지요?」
「기억하지. 내가 그렇게 말했더니 그대는, 지금 손무를
끌어내면 나에게 도움이 되지 않고 요왕의 도움이 될 염
려가 있으므로 시기를 기다리라고 했지. 잘 기억하고 있
소. 그 손무인가?」
「그 손무입니다. 그 뒤에 대왕께서 보병만을 이끌고 소

와종리에 침입하서서 며칠 안에 두 곳 다 완전히 점령하
신 일이 있습니다. 두 고장 다 늪지대였으므로 전거도
기병도 쓰지 말고, 보병만으로 공격해야 한다고 말씀드
린 것은 저입니다. 그러나, 실은 그 전술도 손무의 것입
니다. 그 때는 모두 제가 꾸민 것처럼 말씀드렸습니다
만...」

합려는 손무가 썼다는 책을 읽어 볼 의욕을 강하게 느
꼈다. 그날 하루에 모두 읽었다. 무장으로서 탁월한 소
질을 갖고 있는 합려는 씌어진 내용을 대뜸 알 수 있었
다. 훌륭하다고 크게 감탄했다. 불세출의 전술가라고 생
각했다.

합려는 자서를 불렀다.

「책을 읽었소. 감동했소! 나는 눈을 씻은 듯한 느낌이
었소. 손무를 데려와 주지 않겠소? 어떤 조건이라도 받
아들여서, 막하에 초빙하고 싶소.」

「황공합니다.」

자서는 물러나오자, 이튿날 이른 아침 손가둔으로 향
했다. 어느 때 같은 소박한 행장이 아니었다. 몇 대의 마
차와 종자 200여 명을 이끌고 떠났다. 자서가 탄 마차 이
외의 마차에는 손무에게 선물할 옷감이며 진귀한 보물
을 가득 싣고, 종자들에게는 창을 들게 했다. 깃발을 나

부끼는 당당한 위용을 갖춘 행렬이었다.

손가둔 마을 사람들은 놀라서 당황하며 길가로 뛰어나와 손을 눈 위에 대고 이 어마어마하고 아름다운 행렬을 멀리서 바라보았다. 그들은 이 행렬의 주인이 종가의 당주(當主)에게 가끔 찾아오는 초나라 사람 오자서인 줄 몰랐다. 어떤 분이 행차한 것인지 모르지만 이런 훌륭한 행렬을 갖추고 오는 사람의 행선지는, 이 마을에서는 종가밖에 없다고 판단했기 때문에 뛰어갔던 것이다.

손무도 놀라서 문 앞까지 뛰어나왔다. 그는 곧 오자서라는 것을 알았지만, 그래도 무슨 용무가 있어서 이렇게 으리으리한 행렬을 갖추고 오는 것일까, 하고 당황했다.

손무의 아내는 더욱 당황했다.

하인을 달려 보내어 남편을 불러들여, 옷을 갈아 입으라고 하면서 외출복을 내밀었다.

「저 사람은 오자서요. 늘 오는, 초나라 사람 오자서요.」

하고 손무는 거절하려고 했다. 오자서가 위풍당당하게 종자를 데리고 온다고 해서 이 쪽에서 태도를 바꾸어 마중한다면 권력에 아부하는 것 같아서 싫었다. 궁할지라도 태도를 바꾸지 않는 것이 군자의 사귐이다.

아내는 눈썹을 치켜 뜨고 부산을 떨었다.

「오이씨든 육씨이든 상관없어요. 저렇게 훌륭한 행렬을 갖추고 좋은 옷을 입고 찾아오는데, 맞는 사람이 이렇게 남루한 옷을 입고 응해서야 되겠어요? 함께 서 있는 당신 창피가 되어요. 어서 갈아입으세요. 서두르지 않으면 시간이 없어요!」

주위를 평화롭게 하고 연구에 전념하기 위해 손무는 암호랑이의 부르짖음에는 저항하지 않기로 하고 있었다. 결단성 있게 군자의 사귐의 예법을 버리기로 했다. 내주는 옷을 받아서 갈아입고, 아내의 점검을 받고, 젖은 수건으로 얼굴과 손을 씻기운 뒤에 비로소 오자서를 맞으러 나갈 수 있었다.

혼자 몸으로 칼 한 자루만 차고와도 오자서의 몸집과 풍모는 사람을 제압하는 데가 있었는데, 이렇게 위용을 갖추고 오니 바로 마주볼 수 없을 정도의 위엄이 있었다. 손가의 머슴들이나 마을 사람들은, 자서가 마차에서 내려 의관을 바로 잡고 걸어나오자, 동시에 땅바닥에 엎드려 머리를 숙였다.

문 앞에 서 있는 손무도 무릎이 떨렸다. 걸어나가서 맞으려고 했지만 그럴 수 없었다. 그런 손무 앞에, 걸어나와서 두 팔을 모아 인사하며 자서는 과연 친밀한 미소를 띠고 말했다.

「오늘은 특별한 부탁이 있어서 찾아왔습니다.」

손무도 두 팔을 모아 인사하고, 애써 미소를 띠고 말했다.

「뜻밖에 대단한 위용을 갖추고 찾아오시기에, 저는 다만 놀라서 말도 나오지 않습니다. 어떻든 잘 오셨습니다. 무슨 용무이신지 모르지만, 우선 들어오십시오. 천천히 듣기로 하겠습니다.」

손무는 앞서서 들어갔다. 여느 때처럼 서재로 오자서를 데리고 가려고 하자 우길이 달려와서, 오늘은 본채에 안내하라는 부인의 명령이라고 속삭였다. 서재 쪽이 좋다고 생각했으나, 반대하면 또 면목을 잃을 소동이 일어날 위험이 있다. 손무는 본채 객실로 오자서를 안내했다.

여느 때와 달리 깨끗이 청소되고 장식물이 차려진 객실에 마주 앉았지만 어쩐지 서먹서먹한 기분이 들었다. 갑자기 용무를 묻기도 이상하다고 생각하여 한담을 두세 마디 하고 있으니 자서의 종자들이 이 쪽 머슴들에게 안내되어 선물을 들고 들어왔다.

종자들은 탁자를 빌어 그 위에 선물을 진열했다. 선물은 객실을 넘쳐 뜰에까지 진열될 만큼 많은 품목과 수량

이었다.

손무는 더욱 안절부절 못했다. 불쾌한 기분까지 들었다. 대체 어떻게 된 것일까, 하고 시무룩한 표정이 되었다.

자서는 천천히 일어나 말했다.

「이것은 오나라 왕께서 선생에게 하사한 것입니다. 전에 선생님의 주래의 싸움과 소·종리 싸움 때 훌륭한 전술을 세워 주어서 오나라 왕은 큰 승리를 거둘 수 있었습니다. 그 답례가 한 가지 이유입니다. 답례의 시기가 늦은 것은, 그 해 왕은 아직 한낱 공자에 지나지 않았으므로 응분의 답례를 할 수 있을 때까지 기다렸기 때문입니다. 양해해 주십시오. 또 한 가지 이유는 선생의 명저(名著) 때문입니다. 나는 그 책을 읽어보고 백세(百世)의 등불이 될 명저라고 생각하고, 혼자 차지 할 수 없어서 대왕님께 바쳤습니다. 대왕님은 전에 선생이 세워 준 전술로 두 번이나 큰 승리를 거두었으므로, 선생을 전부터 경모하고 있었는데, 이번에 그대의 책을 읽고 더욱 그 마음이 깊어져 오직 요즘 세상 사람들을 위해서가 아니라, 백세 후의 사람들을 위해서도 사례를 하겠다고, 나로 하여금 이들 선물을 보내신 것입니다. 부디 받아 주시오.」

손무는 사양했다. 전술을 세운 것도, 책을 엮은 것도 그대를 위해 한 것이지, 오나라 왕을 위해 한 일이 아니다. 오나라 왕에게서 이런 선물을 받을 이유가 없다고 말했다. 손무는 자기가 두려워하고 있었듯이 오나라 왕이 자기를 기용하려고 한다는 것을 눈치챘다. 이것을 받는다면 거절할 수 없다고 생각했다. 땀을 흘리며 얼굴이 새파래져서 말했다.

「선생 말처럼 전술도 책도 나의 부탁을 받아 수고해 주신 것이지만, 그것을 이용해서 큰 이득을 본 분은 대왕님입니다. 예의로서 보답하지 않으면 안 되는 것이 도리입니다. 선생의 청백함은 감탄하고도 남음이 있지만 사람의 예의로서 보답하는 것을 받지 않는 것도 이상합니다. 자신의 청렴함을 내세우려다가 예의를 잃는 것이 아닐까요? 일단 받았다가, 나중에 태워 버리든지 남에게 나누어 주든지, 마음대로 하는 것이 어떻겠습니까? 나도 어린애 심부름을 하는 것이 아닙니다. 대왕님의 분부를 받고 이렇게 왔는데, 면목없이 갖고 돌아갈 수는 없습니다. 내 처지도 고려해 주시기 바랍니다.」

다시금 자서는 설득했다. 서두르지도 않고, 초조해 하지도 않고 천천히 설득하는 말이나 태도에는 저항하기 어려운 것이 있었다.

　손무는 마지못해 받기로 했다. 손무는 갑자기 가슴이 무거워졌다. 이제 자서가 어떤 것을 요구해도 반대할 기력이 없어진 듯한 기분이 들었다.

「고맙습니다. 나도 이제야 면목이 섭니다.」

　자서는 인사하고, 다시 말을 이었다.

「오늘은 두 가지 부탁을 가지고 왔습니다. 지금 한 가지는 됐습니다. 또 한 가지는, 대왕님께서 선생을 장군으로 초빙하고 싶다고 하셨습니다. 어떤 조건이라도 받아들이겠으니, 꼭 승낙을 받아오라는 분부를 내리셨습니다.」

　이제야 왔구나, 하고 손무는 새삼스럽게 당황했다.

「나는 속세에 욕심이 없습니다. 전쟁 연구는 좋아서 하는 것이고, 이것으로 세상에 나가 출세하려는 생각은 없습니다. 다만 온순할 뿐, 쓸모없는 사람입니다. 장군이 되어 3군을 지휘하여 싸울 수 있으리라고는 결코 생각하지 못하고 있습니다. 대왕님께서 저의 전술 연구를 아껴주신다면, 여태까지와 마찬가지로 초야에 있으면서, 때때로 그대나 다른 사람을 시켜서 물어주시면 좋겠습니다. 그것으로 충분하리라고 생각합니다.」

　손무는 더듬거리면서 열심히 말했다. 세상에 나간다는 것은 명예와 이권의 노예가 되는 일이다. 부귀공명을 위해 피투성이가 되어 싸우는 것은 싫었다.

파리한 볼이며 마르고 가는 손가락을 떨며 말하는 손무의 모양을 보고 억지로 밀고 나가면 효과가 없다고 보았다. 자서는 고개를 갸우뚱하고 다른 투로 말했다.

「선생의 청백한 마음은 나도 잘 알고 있소. 그렇게 대답하리라고 짐작 못했던 바는 아니오. 그러나, 가령 대왕님의 초빙을 받았으면서도 거절한다면 어떻게 되겠습니까? 일단 배알한 뒤에, 사양하려면 사양하는 것이 옳지 않을까요?」

그것은 그렇다. 하지만, 일단 왕궁에 가면 결국 승낙하고 말 것이다. 손무는 깊이 생각했다.

그 때 우길이 와서 자서에게 인사한 뒤, 손무의 귀에 속삭였다.

「마님께서 잠시 뵙자고 하셨습니다.」

「응, 그래.」

손무는 갑갑한 이 자리를 잠깐이라도 피할 수 있는 것이 기뻐서, 자서에게 인사하고 자리에서 일어섰다.

아내는 옆 방에서 기다리고 있었다.

「여보, 당신은 그런 좋은 청을 왜 거절하세요? 어떤 것이라도 들어 주시겠다고 대왕님께서 말씀하셨다지 않아요. 이런 좋은 기회가 어디 있겠어요. 서슴없이 예, 하고

경(卿)이든 대부든 되십시오. 그러면, 저는 경 부인, 대
부 부인이 되잖아요.」
하고 강한 말투로 말했다. 찌르는 듯한 목소리였다. 옆
방에 들리지 않을까 싶어서 손무는 식은 땀이 흘렀다.

도화진(桃花陳)

　얼마 뒤에 손무는 오자서와 함께 수레를 타고 도성으로 향했다. 아내가 화를 내는 것을 달래고 수치스러움을 보이지 않기 위해서는 이렇게 할 수밖에 없었다.

　「아뭏든 전하를 배알합시다. 거듭 말하지만, 이것은 예의상 배알하는 것이지 출사(出仕)할 것을 승낙한 것은 아닙니다. 좋겠습니까?」

하고 손무는 다짐을 했다.

　「알겠습니다. 선생이 배알하고, 자신의 입으로 말씀드린다면 나의 면목이 섭니다. 나는 결코 억지로 강요하는 것은 아닙니다.」

하고 자서도 말했다.

그럼에도 불구하고 손무는, 왕궁에 가서 대왕님을 배알하면 승낙하게 될 것을 알고 있었다.

(한 발짝 양보하는 것을 백 발짝 양보하는 것이라고 세상에서 흔히 말하지만 그것이 사실이야. 나는 마음의 평안을 위해, 또한 연구에 조용한 시간이 필요해서 언제나 양보하는 버릇이 붙어 버렸는지, 이런 중요한 때에도 양보해 버렸다. 한 번 대왕님의 신하가 되면 마음의 평안도 잃게 되고 연구할 수 있는 시간도 없으리라. 언제나 그런 것만 생각하고 고금의 사건, 고금의 인물을 연구하는 내가 이게 무슨 일이람. 남의 머리 위의 파리는 쫓아도 자기 등에 붙은 것에는 어쩌지 못한다는 것이 바로 나의 경우야.)

하고 생각했다. 그리고 또,

(도성에 가서 대왕님을 배알한다는 것도 역시 그래. 대왕님을 만나면 설득당하고 말 것이 뻔하지 않은가. 알고 있으면서 나는 그것을 하려고 한다.)

하고 생각했다. 쓴웃음을 지을 수밖에 없었다.

저녁 무렵 도성에 닿았다.

그날 밤은 자서의 집에서 묵으면서 정중한 환대를 받았다.

이튿날 아침, 대왕님을 배알했다.

합려는 몸소 문까지 나와서 맞았다.

「잘 왔소, 손선생. 잘 왔소, 손선생.」

하고 맞으면 자리에 안내했다.

자리가 합려의 자리와 대등하게 마련되어 있는 것을 보고 손무는 놀라서 사양했으나, 합려가 말했다.

「사양할 것은 없소. 왕이라고 하고 신(臣)이라고 하지만, 이를테면 신은 인작(人爵)이고, 현우(賢愚)는 천작(天爵)이오. 인작으로 말하며 내가 상좌를 차지 해야겠으나 천작으로 말하면 선생이야말로 상좌에 앉아야 하오. 천인(天人)을 한데 묶어 이런 자리를 만들었소. 나의 뜻을 받아 주기 바라오.」

손무는 드디어 마련해 놓은 자리에 앉게 되었다.

합려는 새삼스럽게 옛날 일에 대한 사례를 말하고, 또 이번 책에 대한 사례를 말했다.

왕과 대등한 자리가 손무에게는 아무래도 거북했다. 무서울 정도로 앉아 있기가 불편했다. 따라서, 대답도 두서가 없었다.

일단 아래로 물러앉은 자서는 마음이 조마조마했다. 이렇게 되면 여태까지 자서가 왕에게 추천한 사람 가운데 누구보다 뒤떨어져 보인다. 백비는 더할 나위 없다. 전제보다 못하다. 요리보다 못하다. 그들 누구보다도 뛰어난 재능을 갖고 있는 사람인데도 초조함을 느끼게 했다.

합려도 또한 뜻밖의 느낌이 들었다. 손무가 세워 준 두 가지 전술은 천하의 기서(奇書)라고 여겨졌으므로 얼마나 빼어난 인물인가, 하고 그 풍채를 기대하고 있었다. 그런데, 기대를 배신당한 기분이었다.

무슨 일에나 우연의 일치라는 것이 있다. 두 가지 전술이 적중한 것도 그 우연 때문이 아닌가, 생각했다.

합려는 짓궂은 생각이 들었다. 시험해 보려고 생각했다.

「손선생.」

하고 합려는 새삼스럽게 불렀다.

「예.」

손무의 대답은 무엇에 놀란 사람 같았다. 위엄은 눈꼽만큼도 없었다.

합려는 천천히 의자에 등을 기대고 편안한 자세로 말했다.

「선생의 저술 13편을 나는 단숨에 읽었소. 정말 훌륭한 것으로 아직 감명이 남아 있소. 그런데, 실지로 사용해도 효과가 있을까요? 흔히 이론과 실지와는 일치하지 않는 경우가 많은데...」

자서가 보니, 합려가 손무를 멸시하고 있음을 알 수 있었다. 안타깝게도 왕에게는 손무를 기용할 생각이 없는 것으로 보였다.

그러자, 뜻밖의 일이 일어났다. 손무의 태도가 갑자기 긴장되었다. 의자에서 일어나 절하고 말했다.

「이(理)는 형(形)에서 떠난 것이 아닙니다. 형 속에 이를 보고 정리한 것이므로, 이 속에 형도 있어야 마땅합니다. 남의 병법은 모르겠습니다만, 저의 병법에서는 이가 즉 형이고, 형이 즉 이입니다. 실지로 응용해서 도움이 되지 않는 일은 결코 없다고 굳게 믿습니다.」

강경한 말투였다. 여태까지의 부드러움을 찾아볼 수 없었다. 화를 내고 있는 것 같았다. 정말 화를 내고 있는지도 모른다. 병법을 비판받고 손무로서는 참을 수 없었으리라고 자서는 생각했다.

「으음, 그런 것일까?」

합려는 태연히 말했지만 갑자기 미소지었다.

「선생의 병법으로 여자도 사병으로 훈련할 수 있겠소?」

손무는 왕의 눈을 똑바로 한참 바라본 뒤에 고개를 끄덕거렸다.

「할 수 있습니다.」

「그래요? 할 수 있다고. 그러면 한 번 후궁의 여자들에게 시켜 보시오.」

　이것은 짓궂은 빈정거림이라고 자서는 생각했다. 말리려고도 생각했다가, 어떻게 결말이 날 것인지 지켜보기로 했다.

「그렇게 하지요. 후궁의 여자들을 가장 용감한 여군으로 만들면 되겠습니까?」

하고 손무는 다짐했다.

「그렇소.」

　조련 장소로는 왕궁 뜰로 정해지고, 왕은 후궁의 미녀 180명을 불러서 손무에게 맡기고, 자신은 신하들을 거느리고 대위에서 구경하기로 했다.

　손무는 180명의 미녀들을 두 부대로 나누어, 합려의 총희(寵姬)둘을 대장으로 삼고, 모두에게 쌍날창을 들게 하여 정렬시켰다.

　손무는, 이사(吏士)로서 붙여준 몇몇 관리를 한구석에 기다리게 한 다음, 말라서 호리호리한 몸으로, 정렬하고 있는 미녀들 사이에 서서 산들바람에 성긴 턱수염을 나부끼며 먼저 말했다.

「여러분은 자기 가슴, 자기 등, 자기 좌우의 손을 알고 있을테지?」

　미녀들은 조련이라는 진기한 일을 하는데다가, 그 지

도자가 선인 같은 표표한 풍모의 아저씨였으므로 무척 재미있는 모양이었다. 모두 들떠 있었다. 입을 모아 대답했다.

「알고 있어요.」

화려한 목소리였다.

「알고 있다면 좋아. 그러면 내가 〈앞으로〉하고 호령하면 가슴쪽을 향하고, 〈왼쪽〉하면 왼손쪽을 향하고, 〈오른쪽〉하면 오른손쪽을 향하고, 〈뒤로〉하면 등쪽을 향한다. 어떤가? 알겠나?」

「알겠습니다!」

또다시 화려한 합창이었다.

「만일 명령에 따르지 않는 사람은 군율에 의해서 처단한다. 이 도끼로 목을 치겠다. 거짓이나 농담이 아니다. 이것이 군율이다! 알겠는가?」

하고 몇 번이나 되풀이했다.

「네! 네!」

미인들은 들떠 있었다

손무는 북을 두드려 사람들의 주의를 집중시키고,

「오른쪽!」

하고 호령했다. 미인들은 재미있어서 배를 잡고 웃을 뿐이었다. 처음부터 장난이라고 생각하고 있었다. 선인(仙

人)같은 아저씨가 점잔뺀 얼굴로 북을 두드리며 큰 소리
로 호령하고 있었으니 젊은 여자들로서는 웃는 것이 자
연스러운 일이었다.

　손무는 다시 미인들 사이에 서서,

「명령을 철저히 시달하지 못하고 군율을 분명히 할 수
없었음은 장군인 나의 죄입니다. 내가 나쁩니다.」

하고 모두에게 사과한 뒤에 다시 되풀이해서 정중히 가
르치고, 군율을 거역하는 사람은 즉시 도끼로 쳐서 몸과
머리를 두 쪽 내겠다고 말한 뒤, 다시 북을 울리며 훈련
을 시작했다. 미인들은 역시 웃으면서 명령대로 하지 않
았다.

　손무는, 세 번째로 미인들에게 엄숙한 얼굴과 엄숙한
목소리로,

「이미 명령은 철저한 것이고 군율은 엄하다는 것을 잘
알고 있을 것이다. 그런데도 그것이 시행되지 않음은 대
장의 죄이다. 군율에 의해서 처단하겠다!」

하고는 좌우 대장에게 앞으로 나오라고 명령했다.

　대장들은 조금도 두려워하지 않고 앞으로 나왔다. 아
직도 장난으로 생각하고 있었다.

　손무는 벼슬아치들을 돌아보고 외쳤다.

「군법에서는 어떻게 되어 있습니까?」

「참형에 해당됩니다.」

「좋소.」

그는 고개를 끄덕이고 두 총희에게,

「들었나! 그대들은 대장으로서의 임무를 다하지 않았으니 참형이다.」

하고 다시 형리 쪽을 보고 외쳤다.

「법대로 하시오!」

형리들이 달려와서 두 총희를 잡아 도끼 아래로 끌고 가서 꿇어앉혔다. 비로소 미녀들은 얼굴이 파래졌다. 두 총희는 말할 것도 없다.

대 위에서 구경하고 있던 합려도 이 조련을 놀이 비슷한 것으로밖에 생각하지 않았다. 매우 기분이 좋아서 웃고 있었으나, 두 총희를 꿇어앉힌 데다가 형리들이 도끼를 치켜들려는 것을 보자, 어안이 벙벙했다. 왕은 당황하여 근시에게 명을 내려서 보냈다. 근시는 〈영(令)〉이라고 적힌 깃발을 흔들며 달려갔다.

손무는 일단 형을 중지시키고 절을 하며 맞았다.

합려의 말은 이러했다.

「짐은 이미 선생이 병법에 숙달되고 있음을 잘 알았소. 이제 충분하오. 선생이 목을 치려고 하는 두 후궁은 짐이 가장 아끼는 여자들이오. 둘이 있기에 나는 날마다 즐겁소. 둘이 죽게 된다면 짐은 어떤 진미라도 맛을 모를 것이오. 목을 치지 말기 바라오.」

손무는 냉엄하게,

「분부는 잘들었습니다. 대왕님께 전하여 주시오. 신은 이미 대왕의 명을 받아 장군으로서 병사를 훈련하고 있습니다. 장군이 군에 임했을 때는 왕명이라 할지라도 받아들이지 못할 때가 있다고 말이오.」

하고 형리에게 명령해서 가차없이 두 총희의 목을 치게 했다.

살기가 넓은 뜰에 감돌고, 사람들은 무서워 떨었다. 미인들뿐이 아니라 형리들도 떨었다.

손무는 죽은 두 궁녀 다음가는 총희 둘을 대장으로 임명하고, 북을 울리며 조련을 시작했다. 이제 웃는 여자는 하나도 없었다. 손무의 호령에 따라, 전진하고 후퇴하고, 좌행하고 우행하고, 일어나고 앉는 것이 일사불란하고 참으로 훌륭했다.

손무는 이사(吏士) 한 사람을 사자로 왕에게 보내어,

「사병훈련은 이제 끝났습니다. 부디 오셔서 보아 주시기 바랍니다. 지금 이 여군들은 대장의 명령대로 물이나 불 속에도 두려움 없이 뛰어들 것입니다.」

하고 말을 전했다.

합려는 자기가 총애하는 궁녀 둘이 죽자 몹시 기분이 언짢았다.

마음으로는 대에서 떠나 거실로 돌아가고 싶었지만, 자신이 의견을 내어 시킨 일이었으므로 참고 머물러 있었다. 여군 따위는 보고 싶지도 않았다. 왕은 시무룩해서 대답했다.

「과인을 위해 손선생에게 말하라. 〈선생, 이제 충분하오. 피로할 터이니 숙소에 돌아가 쉬도록 하오. 과인은 굳이 내려가서 보고 싶지는 않다〉라고.」

사자가 돌아와서 왕의 대답을 전하여 주자 손무는 다시 답변을 보냈다.

「병사(兵事)는 구설로만 이루어지는 것이 아닙니다. 엄격한 대왕께서는 그것을 모르시는 것이 아닐는지요?」

합려는 잠자코 있었다. 손무가 병법에 숙달되어 있다는 것도 인정했고, 그 말이 이치에 맞는다는 것도 알지만, 총애하는 궁녀 둘을 죽게 한 쓰라림은 참을 수 없었다.

자서는 줄곧 왕 옆에 있었다. 그는 손무가 다른 사람이 된 듯이 엄격해진 것을 보고 놀랐다.

이상하다고 생각하지 않았다. 몇 십 년 병법 연구에만 열중해 온 손무로서는 그러는 것이 가장 자연스럽다고 생각했다.

그는 손무를 기용하는 것에 좀 불안함을 느꼈었다. 손무의 연구가 정밀하고 조예가 깊은 것은 의심할 바 없었지만, 손무 자신이 장군으로서 실지로 응용하는 경우에 손무의 성격이 적당하지 못하지 않을까, 하는 불안이었다.

그러나, 이제는 불안이 없었다. 상냥하고 연약한 것은 평소의 일이며, 병사에는 가장 준엄하게 할 수 있는 사람으로 생각되었다.. 평소에 상냥하고 부드러운 것은 도리어 효과적인 지도 모른다고 생각했다.

자서는 합려의 얼굴을 살폈다.

합려가, 손무가 보낸 사자를 거들떠보지도 않고 떠나려하는 것을 보자, 자서는 그 앞으로 재빨리 나갔다.

「저는 이렇게 들었습니다. 병사에 있어서 가장 중요한 것은 군율입니다. 군율이 엄격하지 않으면 병법은 시행할 수 없습니다. 저는 또 이렇게도 들었습니다. 병사는 흉사(凶事)이다. 장난으로 섣불리 시도해서는 안 된다고, 손선생이 대왕님께서 내려오셔서 조련 결과를 보시도록 한 것은 그 때문입니다. 대왕님으로서 쾌히 보셔야 할 일로 저는 생각합니다. 패업을 이루려는 분은 부녀자의 애욕에 구애되어서는 아니됩니다.」

합려는 마음을 돌이키어 신하를 거느리고 넓은 뜰로 내려가 새삼스럽게 가까이서 조련을 검열했다. 아름다운 얼굴을 파랗게 긴장시킨 궁녀들은 손무의 호령에 따라 질서있게 움직였다. 그 중에는 합려와 잠자리를 같이 한 여자, 또는 같이하고 있는 여자가 적지 않게 있었지만, 한 사람도 그런 뜻의 눈을 합려에게 보내지 않았다. 분명히 손무의 말대로 물이나 불 속도 피하지 않을 듯이 보였다.

조련이 끝난 뒤, 합려는 손무와 자서를 자기 방으로 데리고 가서 자리를 권하고, 손무가 병사에 숙달해 있음을 칭찬했다.

「선생이 여태까지 처사로서 세상을 보내왔다고 알았는데, 오늘의 솜씨를 보니 도저히 실지 경험이 없는 사람으로 여겨지지 않소. 제나라에 갔을 때, 병사를 이끌고 전쟁터에 나간적이 있었던 것이 아닌지?」

「전혀 경험이 없습니다. 저는 제가 세운 법칙에 따라 시도해 본 것뿐입니다. 사실대로 말씀드리면, 저는 제가 세운 법칙에 자신이 없었던 것은 아닙니다만, 실지로 해보고 그것이 틀림없음을 알고 스스로 기뻐하고 있습니다.」

손무의 표정에는 흥분의 빛이 있었다. 품격은 있어도

연약한 점이 있는 용모와 풍채에 앙연한 것이 갖추어져 있는 듯했다.

손무를 장군으로서 맞아들이고 싶다고 합려가 말한 것은 그 뒤였다.

앙연한 것이 갑자기 손무에게서 사라졌다.

「아니, 그것은……, 저는……, 아무 일도……, 대왕님의 초빙을 사양하는 건……, 그래서……. 」

무슨 뜻인지 말이 되지도 않게 토막토막 더듬거렸다.

합려는 엄격한 표정을 지었다.

「선생은 스스로 병사에 숙달되어 있다고 말했소. 그것을 증명하려고 후궁의 여자들을 훈련시켜 보았소. 그 훈련을 위해 내가 가장 총애하는 궁녀 둘을 죽였소. 이만한 희생을 시켜가며 자기가 병사에 숙달되었음을 보이면서, 선생은 나에게 봉직하고 나의 편의를 돕는 것을 사양하다니, 그럴 수가 있소?」

손무는 아무 말도 할 수 없었다. 어리둥절한 얼굴로 눈만 깜박거리면서, 마음 속으로 중얼거렸다.

(결국 백 발짝 양보하게 되었구나. 결국……, 아아, 아아…….)

이겨 놓고 싸우다

손무는 마침내 합려의 막하에 들어갔다. 신분은 객경 (客卿), 직책은 장군이었다. 객은 나그네라는 뜻이니, 타국인으로서 경이 되는 것을 객경이라고 한다. 진짜 경하고는 계급도 대우도 좀 다르다. 손무는 온 가문이 오나라로 이주했는데, 본디는 제나라 사람이다. 중국 상식으로, 오나라에서 손무는 나그네, 즉 타국인이다.

자서도 백비도 객경이었는데, 같은 이유였다.

손무는 우길만 데리고 도성으로 옮겨왔다. 넓고 장대한 저택이 하사되었으므로, 가신이며 머슴들도 많이 두었는데, 우길을 가령(家令)으로 삼아서 모든 집안 일을 맡기고, 그 외에는 모두 새로 고용한 사람들이었다.

아내는 몹시 불평을 했고 손가둔의 하인들도 불만이었지만, 손무는 이 기회에 모든 것을 새롭게 하고, 새로운 인생을 출발할 결심을 했다.

자서에게 부탁하여, 대왕님 명령이라고 하여 그렇게 했다. 실제로 그런 아내가 있어서 여러 가지 일에 시끄럽게 참견한다면 장군으로서의 일을 제대로 할 수 없음을 자서도 잘 알고 있었다.

손무는 장군으로서의 일을 시작했다. 상비군을 훈련시키는 한편, 전국의 호구를 조사하여 건장한 자들을 골라내어 민병으로 삼고, 그들을 훈련시켰다. 손무의 훈련을 받은 장교들이 지방으로 출장하여 지방군을 훈련시켰다.

이 모양을 보자, 합려는 모든 발판이 굳혀지고 준비가 완료되어 초나라를 칠 때가 왔다고 생각했다. 합려는 중신들을 모아 그 가부를 물었다.

자서는 기다리고 기다리던 때가 왔다고 마음 속으로는 좋아했으나, 역대의 중신들을 염려하여 발언을 삼갔다.

합려는 그것을 알고 있었다.

「오자서, 경은 초나라 사람이오. 먼저 경의 의견을 듣고 싶소.」

하고 지명했다. 그러자 자서는,

「역대의 중신들을 두고 객신(客臣)의 몸으로 과분한 일입니다만. 대왕님이 지명하셨으니 감히 제 뜻을 아뢸까 합니다.」

하고 말머리를 꺼낸 뒤, 여러 대에 걸친 초나라의 포악함을 말하고, 몇 대에 걸친 오나라와 초나라의 교전을 설명하고, 두 나라 사이는 물과 기름같이 서로 섞이지 않는 심각한 원한이 거듭되고, 불구대천의 적국으로서 이 쪽이 망하지 않으면 저 쪽이 망하고, 저 쪽이 망하지 않으면 이 쪽이 망한다고 말했다. 지금이야말로 오나라는 마음에 걸리는 국내의 문제거리를 모두 씻어 버리고 발판을 굳혔다. 또 손장군의 충성에 의해, 군사는 훈련받아 날카로운 칼 같은 정병이 되었으며, 사기 왕성하고 싸우려는 의욕에 불타고 있다. 초나라를 치면 그 효력이 있음은 분명하다고 주장했다.

자서는 웅변이 좋았다. 사람들은 모두 감동했다.

합려는 손무의 의견을 물었다.

손무는 이렇게 많은 대관들 앞에서 말해 본 적이 없었다. 화끈 피가 얼굴에 올랐다. 사람들의 눈이 한꺼번에 자기에게 모인 것을 보자 가슴이 떨리고 눈앞이 흐릿해졌다.

아무려나 좋다. 하는 생각이 들었으나, 이것이 나의 나

쁜 점이다. 주장할 것은 주장해야 한다고 마음을 고쳐먹었다. 순서를 생각할 틈이 없었다. 대뜸 핵심으로 뛰어들었다.

「신은 다르게 생각합니다. 과연 오경(伍卿)의 설명대로 오나라의 발판은 굳혀지고, 군사는 강해지고, 사기도 또한 왕성합니다. 그렇지만, 전쟁은 상대가 있어야 하는 것입니다. 자기를 앎과 함께 적을 알아야 합니다. 신이 보건대, 초나라는 요즘 간신 비무기를 주살하고 백성의 소망을 풀어서 나라 안에는 불평이 없어지고 일치단결해 있는 듯합니다. 그리고, 또한 공손승을 맞아서 백에 봉했으므로 여러 나라의 믿음도 몹시 좋아졌습니다. 지금 돌이켜 우리나라 안을 볼 때, 반드시 약점이 없다고 할 수는 없습니다. 말씀드리기 거북한 일이지만, 우리나라 사람들은 오경이나 백경이 초나라의 망명객이며 초나라에 가장 심각한 원한을 품고 있는 분들임을 알고 있습니다. 정벌의 군사를 일으키시면 대왕님의 마음에서 나온 뜻이 아니라, 두 경들의 사사로운 원한을 갚기 위해 대왕님을 설득한 것으로 생각할 염려가 있습니다. 싸움이 언제나 순조롭게 진행되면 문제는 없습니다만, 전투란 그렇게 순조롭게만 진행되는 것이 아님은 대왕께서도 이미 아시는 바와 같습니다. 조금 잘못되어 어려워졌을 때, 군사들은 반드시 망명한 분들의 사사로운 원한을 갚기 위해 우리는 이런 고생을 하고 있다고 불평과 분노를 느낄 것입니다. 말하자면, 일치 단결되지 않고 전의를 저하시킵니다. 병사는 흉사 입니다. 함부로 거병하면 안 되며 거병하려면 충분히 고려해야 합니다. 신은 이렇게 들었습니다. 훌륭한 공인이 목석으로 조각을 만드는 것은, 목석 중에 이미 있는 모양을 새길 뿐이라고 했습니다. 신의 생각으로는 전쟁도 그와 같다고 봅니다. 즉, 싸우기 전에 이미 이기고 있어야 합니다. 싸워서 이기는 것이 아니라, 이미 이긴 것을 스스로 확인하고 적에게 확인시키기 위해 하는 것입니다. 이런 견지에서 볼 때, 초나라에는 충분한 패세(敗勢)가 없고, 우리나라에는 충분한 승세가 없습니다. 조금 더 참으시고 시기를 기다려야 한다고 생각합니다.」

처음에는 두려워하는 듯 했지만, 점점 침착해지고 마지막에는 가장 자신이 넘치는 웅변으로 바뀌었다.

역대 충신들은 깊이 감동한 것 같았다. 몇 대에 걸친 인연이 얽혀 있으므로, 그들도 초나라를 적국으로 느끼고 있었으나 지금 곧 싸워야겠다는 정도로 성급한 적개심은 품고 있지 않았다. 망명자인 자서나 백비가 왕의 가장 깊은 신임을 얻어 그 권위가 자기들을 능가하고 있

는 것도 마음에 들지 않았다. 합려는 손무의 반대론을
듣고 매우 통쾌했다.

합려는 뜻밖의 느낌이 들었다. 손무는 자서와 여러 해
친구이다. 손무는 자기에게 천거하여 기용시킨 것은 자
서이다. 마땅히 자서와 한 뱃속이고 이 문제에 대해서
전부터 의논한 것이라고 생각하고 있었다. 합려로서는
탐탁하지 않았다.

무엇보다 합려는 패업을 동경했다. 먼저 초나라를 치
고 큰 승리를 얻으면 오나라의 강함은 천하에 인정된다.
그 때 천하의 제후들에게 통고하여 주도권을 잡고 동맹
하면, 천하는 자기를 패왕으로 우러러볼 것이다. 패업을
이룩하려고 생각하고 있었는데, 손무가 동의하지 않은
것이다.

합려는 자서를 보았다. 자서의 얼굴은 붉어지며, 눈이
이상하게 빛났다. 입을 굳게 다물고 있었다. 수염이 곤
두선 것 같았다. 손무 쪽은 보지도 않았고, 화를 내고 있
는 것이 분명했다. 배반당한 기분임에 틀림없었다.

손무도 자서를 보았다. 화난 빛을 보았으나 어쩔 수 없
었다. 그것은 자신의 진정한 마음이라고 생각했지만 미
안한 기분은 어쩔 수 없었다.

합려는 손무에게 말했다.

「경의 의견은 지당하지만 그렇게 크게 하지 않고 소규모로 초나라를 욕보일 수는 없을까? 짐도 이렇게까지 마음먹은 일이니, 어느 정도는 해보고 싶소.」

「그것은 못할 것도 없습니다. 이를테면, 우리 나라에서 망명한 개여와 촉용 두 공자가 초나라를 위해 서성을 지키고 있습니다. 그들을 주살하고 서성을 빼앗을 수는 있습니다. 초나라가 대왕님께 적의를 품고 있는 두 공자를 보호하는 것은 좋다고 치더라도, 우리 나라 국경에 가까운 땅을 지키게 한 것은 초나라의 잘못입니다. 우리 나라가 그것을 공격하더라도 세상에선 당연한 처사라고 생각할 것이고, 초나라도 두 사람을 구원하지는 않을 것입니다. 무엇보다 초나라는 우리 나라를 무서워하고 있습니다. 깊이 쳐들어가는 뜻을 보이지 않는 이상 큰 전쟁은 피할 수 있을 것이므로, 망명한 두 공자를 주살하고 서성을 빼앗는 것 뿐이라면, 신은 결코 반대하지 않겠습니다. 」

이 정도로 말해서 자서의 마음을 위로하지 않으면 안되겠다고 생각했다.

합려는 고개를 크게 끄덕이고 말했다.

「좋소! 그러면 서성을 빼앗기로 하지.」

그날 밤, 손무는 자서를 찾아가서 양해를 구했다.

「귀공의 기분은 충분히 알고 있었지만 저로서는 오늘 어전회의에서 말씀 드린대로 생각 할 수밖에 없었습니다. 그대의 주장에 공연히 동의해서 일을 일으켜 보아도 성공할 자신은 없습니다. 그렇게 하면 저를 대왕님께 천거한 그대의 체면에도 관계됩니다. 더욱 나쁜 것은, 그 일에 일단 패배하면 다시 일어날 때까지 긴 세월이 걸리며, 그 동안에 열국의 정세가 어떻게 변할지도 모르고 마침내는 영원히 일을 성사시킬 수 없을지도 모른다고 생각했습니다. 양해하여 주시기 바랍니다.」

자서는 상쾌한 표정으로 고개를 끄덕이고 말했다.

「정중한 말씀 고맙게 생각합니다. 실은 집에 들어간 뒤에 선생의 주장을 다시 생각해 보고 몹시 부끄러워했습니다. 선생의 주장이 이치에 맞는 뛰어난 것이고, 내 주장은 일방적인 편설에 지나지 않는다고 반성했습니다. 선생이기에 사사로운 감정에 사로잡히지 않고 공명한 논리를 훌륭하게 말했다고 감동했습니다.」

「이해하여 주셔서 안심했습니다. 감사드립니다.」

「아니, 아니 나야말로 감사해야 할 것을 선생 쪽에서 찾아 오시다니 정말 죄송합니다.」

자서는 웃으며 말을 이었다.

「속담에, 사슴을 쫓는 사냥꾼은 산을 보지 못한다고 한 말은 사실입니다. 내가 본국에서 떠나온 것은 12년 전입니다. 그 뒤 줄곧 초나라를 쳐서 아버지와 형의 원한을 풀어 드릴 일만 생각해 왔습니다. 그러나, 평왕은 이미 죽고, 비무기는 주살되고, 원수들은 모두 죽은데다가 승은 참지 못하여 초나라에 유혹되어 원한을 잊고 돌아가 버렸습니다. 나로서는 초조할 수 밖에 없었습니다. 그래서, 그만 일방적인 관찰을 해버렸습니다. 사람은 마음이 한편으로 치우치면 모든 것이 그렇게 보입니다. 물건을 도둑맞고 어떤 사람을 의심하면 그 사람이 하는 짓, 그 사람의 행동 모두에 의심을 더욱 품게 되는 것을 우리는 흔히 경험합니다만, 그것과 같습니다. 가엾은 일입니다. 앞으로도 나에게 똑같은 일이 있을 듯하니 지금부터 부탁드립니다. 선생의 흐리지 않은 눈으로 보고 고쳐 주시기 바랍니다.」

마음 깊이 뉘우치고 하는 말이었다.

손무는 깊이 감동했다.

자서가 말을 이었다.

「이번에는 서성을 빼앗는 것 뿐이라고 하더라도 언제쯤이면 대거 공격할 수 있을까요? 오래 기다려야 할까요? 선생의 예상을 듣고 싶습니다.」

「그렇게 오래 기다릴 필요는 없습니다. 나의 짐작으로

는 5년 앞으로 보고 있습니다. 어쩌면 더 가까울지 모릅니다. 그러기 위해 우리가 할 일은 먼저 초나라를 교만하게 하는 일입니다. 다음은, 초나라 장군 자상은 탐욕스럽고, 초나라에 소속되어 있는 나라들의 원한을 많이 사고 있으므로, 그것을 이용하여 작은 나라들의 마음을 우리에게 끌어들이는 일입니다. 이 두 가지뿐입니다. 교만하게 하는 것은 초나라의 발판을 소홀하게 하는 일이고, 작은 나라들의 마음을 우리에게 끌어 들이는 것은 우리 편을 들지 않더라도, 초나라를 돕지 않도록 하기 위해서입니다. 말하자면 싸우기 전에 이기기 위해서입니다.」

자서는 가장 영리하고 생각이 빠른 사람인데다가, 외교 담당의 중신이다. 여러 나라의 정세에 정통하고 있다. 힘에 눌려 초나라의 속국이 되어 있는 나라들이 마음 속으로는 초나라를 원망하고 있다는 것을 잘 알고 있다.

예를 들면, 채(蔡)나라와 당(唐)나라이다. 몇 년 전 채나라 왕이 초나라에 인사하러 간 적이 있었다. 그 무렵 채나라 왕은 아름다운 털가죽 옷을 2벌 가지고 있었다. 그 하나를 초나라 왕에게 받쳤다.

털가죽 옷은 자연물로 만드는 것이므로. 그런 아름다

운 털가죽은 모으지 않으면 만들 수 없다. 천금을 쌓아도 구할 수는 없다. 가장 귀중하고 진귀한 물건이다. 초나라 왕이 그것을 입고 조회에 임하자 신하들은 모두 감탄했다.

권세를 자랑하고 있는 장군 자상(子常)은 채나라 왕이 털가죽 옷을 하나 더 갖고 있다는 말을 듣고, 기회 있을 때 넌지시 귀띔하고 바랐으나 채나라 왕은 모른 체 하고 주지 않았다. 자상은 채나라 왕을 미워하여, 왕에게 이것저것 구실을 대고 채나라 왕의 귀국을 허락하지 않았다.

3년쯤 지나서 당나라 왕이 초나라에 인사차 왔다. 당나라 왕은 명마 2필을 갖고 있었다. 자상은 그것을 보고 또 넌지시 바랐으나, 당나라 왕도 또한 모른 체하고 주지 않았다. 자상은 당나라 왕에게 귀국 허가를 내리지 않기를 역시 3년에 이르렀다.

당나라 왕의 종자들은 근심하여 당나라 왕에게 충고를 했으나 당나라 왕은 말을 듣지 않았다. 그래서 말 담당자에게 술을 많이 먹이고 취해서 잠들게 만든 뒤에 말을 훔쳐서 자상에게 보냈다.

자상은 곧 당나라 왕에게 귀국 허가를 내렸다. 자기 나라에 돌아온 당나라 왕은 말을 훔친 종자들에게 화를 내어 처벌하려고 했다.

그러자 신하들은,

「주군께서는 말을 아끼다가 3년이나 초나라에 발을 묶였습니다. 일의 경중을 모르시는 것도 너무 하십니다. 말을 훔쳐 자상에게 보내고 무사히 귀국하게 한 자들에게는 상을 내리셔야 할 줄로 압니다.」

하고 충고하자, 당나라 왕도 그제서야 깨닫고 후한 상을 내렸다.

이 이야기를 들은 채나라 왕의 종자들은 채나라 왕에게 충고하여 털가죽 옷을 자상에게 선물했기 때문에 채나라 왕도 역시 귀국할 수 있었다. 참으로 6년 동안이나 초나라 도읍에 잡혀 있었던 것이다.

당나라와 채나라가 자상을 원망하고, 따라서 초나라를 원망하고 있는 것은 당연하다. 힘이 모자라기 때문에 가슴만 쓰다듬고 있을 뿐이었다.

이런 일은 자서가 잘 알고 있는 일이었다. 손무의 설명을 듣고 깊이 수긍이 가는 바가 있었다.

이튿날 자서는 대궐에 나가 합려에게 배알하고 어젯밤 손무가 한 말을 아뢰었다.

「그렇겠군. 그렇겠군.」

합려는 감동하여 듣고, 이윽고 입을 열었다.

「당나라나 채나라의 마음을 우리 쪽으로 끌어당기는 것은 쉽소. 이번에 서성을 빼앗고 한두 번의 작은 전투로 초나라를 이겨 보이면 작은 나라들은 오나라의 힘에 기대야 한다는 마음을 먹을 테지. 그 때 사자를 보내어 설득하면 쉽게 성공하리라고 생각하오. 어려운 것은 초나라로 하여금 교만하게 만드는 일이오. 일부러 이 쪽이 작은 전투에서 두세 번 진다면, 초나라는 우리를 업신여기고 교만해질 테지만, 그렇게 되면 작은 나라들의 마음을 우리 쪽으로 끌어들일 수 없소. 이것은 예사롭지 않은 어려운 일이오.」

분명히 그 말 대로라고 자서도 생각했지만,

「그것은 당장 시급한 문제가 아닙니다. 신도 연구하겠습니다. 대왕님께서도 연구해 주시기 바랍니다.」

하고 대답한 뒤, 물러 나와서 손무를 찾아가 의논했다. 손무는 웃으며 말했다.

「그 연구는 자연히 생겨 나오겠지요. 책략은 정세에 따라 하는 것이 가장 좋습니다. 사전에 이 쪽에서 정해 놓고 저 쪽에서 이렇게 나오면 이렇게 한다는 듯이 결정해 두었다가, 일의 예상대로 진행되지 않았을 때는 당황하게 됩니다. 머지않아 좋은 방법이 반드시 발견될 것입니다. 당장 시급한 것은 서성을 점령하는 일입니다. 나는 그 일에 전념하기로 했습니다.」

이윽고 손무는 군사를 이끌고 서성으로 향했다. 출발 전에 한 가지 술책을 꾸몄다. 그 때 서성을 지키고 있던 군사는 초나라 병사뿐이 아니라, 두 공자가 초나라에 항복했을 때, 데리고 간 오나라 병사들도 적지 않게 있었다. 손무는 장교들에게 말했다.

「나는 서성에 있는 오나라 사람들을 불쌍하게 생각하고 있다. 그들은 두 공자에게 이끌려 마지못해 초나라에 항복했다. 만일 성에서 나와 항복한다면 용서해 주고, 그들의 고향에 돌려보낼 것이다. 만일 그 때 초나라 병사를 죽이고 목을 갖고 오는 자가 있다면, 그 숫자와 목을 잘린 자의 신분을 참작하여 저마다 상을 주리라.」

장교들은 이것을 사병들에게 말했다. 사병들은 상당한 수가 서성 안에 있는 오나라 사람과 아는 사이였다. 그 중에는 친척이나 인척이 되는 사람들도 있었다. 병사들은 가족을 부르거나 친구들에게 부탁해서 손무의 말을 서성 안에 있는 사람에게 알려 주었다.

손무는 이런 통신이 오나라 사람에게만 알려지고 초나라 병사의 귀에는 알려지지 않는다고는 생각하지 않았다. 도리어 초나라 병사에게 알려지는데 목적이 있었다. 초나라 병사에게 알려진다면 반드시 성 안에 내분이 일어날 것이 틀림없다.

　손무는 천천히 오나라 도읍에서 떠났으나, 이틀 뒤에는 밤낮을 잇는 급행군으로 며칠 안에 소(巢)에 이르렀다. 먼저가 있었던 탐색병들이 기다리고 있다가, 서성 안에서는 초나라 사람과 오나라 사람 사이에 심한 살육전이 벌어져 혼란 상태에 있다는 보고를 했다.

　묘책은 들어 맞았다.

　손무는 서성으로 몰려들어갔다. 오나라 사람들이 성문을 열고 받아들였기 때문에 사병 하나 다치지 않고 성안으로 들어갔다. 두 공자를 데리고 퇴각하는 초나라군을 추격하여 거의 섬멸했으며, 두 공자 역시 쳐죽였다.

　큰 성공이었다. 이 쪽 손해는 거의 없었다. 몇 사람의 사상자가 나왔을 뿐이었다.

　손무는 급보를 합려에게 보낸 뒤, 얼마 동안 서성에 머물러 점령을 확보하는 시설을 여러 가지로 하고 있었다.

　그 동안에 오나라 도읍에서는 큰일이 일어났다.

소설 손자병법 1권

· 2005년 4월 20일 초판 발행
· 2013년 1월 10일 2쇄 발행

· 저 자 : 張 道 明
· 발행자 : 김 종 진
· 발행처 : 은 광 사
· 등 록 : 제 18 - 71호(1997. 1. 8)
· 주 소 : 서울 중랑구 망우3동 503-11호
· 전 화 : 763-1258 / 764-1258

정가 18,000원

꿈 해몽법

인간 생활의 길흉을 예지해 본다

'꿈이란 우리의 잠재의식을 시각화하여 볼 수 있는 유일한 창이다.'
라고 정신분석가이자 심리학자인 프로이드는 말했다. 그러나 그
누구도 꿈의 예지 능력에 대해서 무시 한다거나
배제할 수는 없을 것이다. 우리는 매일밤
꿈을 꾸며 특이한 꿈은 '이 꿈의
의미는 무엇일까?' 다시한번
되뇌이고 "어젯밤 꿈에……."
라는 꿈 이야기를 하곤 한다.
자! 이제는 당신 스스로
당신의 미래를, 신체에 관한
것부터, 돈, 죽음 그리고 질병
등의 당신 꿈속에 묻혀있는 그
의미로 하나하나 풀어가보자.

- 집이 활활타고 있는 꿈? 사업이 융성해져서 탄탄한 기반을 잡게 된다.
- 잘 자란 무가 집안에 가득차 있는 꿈? 복권에 당첨될 꿈
- 배를 따온 태몽? 마음이 넓은 아들을 낳고, 많이 따오면 태아가 장차 부자가
  된다.
- 걸어가다가 갑자기 걸음을 멈춘 꿈? 순조롭게 진행되던 일에 불행이 닥쳐 도중
  에서 중단되게 된다.
- 열심히 박수를 친 꿈? 어떤 압력에 의해 자신의 의견을 주장하지 못하게 되거
  나 사건에 깊게 말려들게 된다.

편집부 편저 • 신국판 324쪽 •

은광사 서울 중랑구 망우3동 503-11호
Tel : 763-1258 / 764-1258 Fax : 765-1258

● 야채와 과일을 이용한 가정요법 ●

· 야채와 과일로 병을 고친다?

아무리 튼튼한 몸을 타고 났어도,
아무리 고귀한 약을 마시고 있어도,
일상적인 식생활을 소홀히 해서는
우리의 건강을 유지할 수 없다.
많은 건강식품들이 몸에 좋다는 이유로
팔리고 있지만 식품 속에는 각각의
성질이 있고 장점과 단점이 있어서
그것만으로는 우리몸의 영양을 모두
충족시키기 어렵기 때문이다.
요사이 사람들은 '건강식품'으로
야채와 과일을 많이 이용하고 있는데
그것은 야채와 과일 속에 우리몸에 유용한
많은 것을 함유하고 있기 때문이다.

소화가 잘 안되거나
식욕부진엔 **토마토** 쥬스를
1회에 반컵씩 1일
2~3회 마시면 좋다
그러나 대량으로 먹으면
몸을 냉하게 하므로
냉증인 사람에게는 부적당

체내의 혈액이나 수분의
대사를 촉진하고 해독하는
작용이 뛰어난 율무는
기미, 건성피부, 여드름의
피부트러블에 좋다.
30 g 정도를 달여서
차대신 마시도록.

＊부록 － 야채의 생즙요법.

은광사

서울 중랑구 망우3동 503-11호
Tel : 763-1258 / 764-1258 Fax : 765-1258